WHY SHOULD ANYONE BE LED BY YOU？

你凭什么领导别人？

〔英〕罗布·戈菲　加雷思·琼斯　著

周新辉　译

商　务　印　书　馆

2012年·北京

Rob Goffee & Gareth Jones

WHY SHOULD ANYONE BE LED BY YOU?

What It Takes to Be an Authentic Leader

Published by arrangement with Harvard Business School Press.

图书在版编目(CIP)数据

你凭什么领导别人?/〔英〕戈菲,琼斯著;周新辉译. —北京:商务印书馆,2008(2012.6重印)
ISBN 978-7-100-05512-3

I. 你… II. ①戈…②琼…③周… III. 领导学 IV. C933

中国版本图书馆CIP数据核字(2007)第073868号

你凭什么领导别人?
〔英〕罗布·戈菲 加雷思·琼斯 著
周新辉 译

商 务 印 书 馆 出 版
(北京王府井大街36号 邮政编码 100710)
商 务 印 书 馆 发 行
北 京 瑞 古 冠 中 印 刷 厂 印 刷
ISBN 978-7-100-05512-3

2008年1月第1版 开本710×1000 1/16
2012年6月北京第2次印刷 印张17
定价:43.00元

致中国读者

哈佛商学院经管图书简体中文版的出版使我十分高兴。2003年冬天，中国出版界朋友的到访，给我留下十分深刻的印象。当时，我们谈了许多，我向他们全面介绍了哈佛商学院和哈佛商学院出版公司，也安排他们去了我们的课堂。从与他们的交谈中，我了解到中国出版集团旗下的商务印书馆，是一个历史悠久、使命感很强的出版机构。后来，我从我的母亲那里了解到更多的情况。她告诉我，商务印书馆很有名，她在中学、大学里念过的书，大多都是由商务印书馆出版的。联想到与中国出版界朋友们的交流，我对商务印书馆产生了由衷的敬意，并为后来我们达成合作协议、成为战略合作伙伴而深感自豪。

哈佛商学院是一所具有高度使命感的商学院，以培养杰出商界领袖为宗旨。作为哈佛商学院的四大部门之一，哈佛商学院出版公司延续着哈佛商学院的使命，致力于改善管理实践。迄今，我们已出版了大量具有突破性管理理念的图书，我们的许多作者都是世界著名的职业经理人和学者，这些图书在美国乃至全球都已产生了重大影响。我相信这些优秀的管理图书，通过商务印书馆的翻译出版，也会服务于中国的职业经理人和中国的管理实践。

20 多年前，我结束了学生生涯，离开哈佛商学院的校园走向社会。哈佛商学院的出版物给了我很多知识和力量，对我的职业生涯产生过许多重要影响。我希望中国的读者也喜欢这些图书，并将从中获取的知识运用于自己的职业发展和管理实践。过去哈佛商学院的出版物曾给了我许多帮助，今天，作为哈佛商学院出版公司的首席执行官，我有一种更强烈的使命感，即出版更多更好的读物，以服务于包括中国读者在内的职业经理人。

在这么短的时间内，翻译出版这一系列图书，不是一件容易的事情。我对所有参与这项翻译出版工作的商务印书馆的工作人员，以及我们的译者，表示诚挚的谢意。没有他们的努力，这一切都是不可能的。

哈佛商学院出版公司总裁兼首席执行官

万季美

献　　给

所有有志于成为领导者的人

目录

CONTENTS

导言　你凭什么领导别人？

在新千年伊始，一个貌似非常简单的问题却时时困扰着我们。这个问题就是：你凭什么领导别人？它一直萦绕在我们脑海中，促使我们对其进行思考：是谁赋予了领导者领导他人的权力呢？而员工为什么会愿意听从某个领导的安排呢？《哈佛商业评论》上曾经发表过一篇用这个问题作标题的文章，对这个问题进行了思考和研究。该文章发表之后，这个问题引起了大家的广泛关注。

在过去的五年里，这个问题使我们好奇、兴奋，而大部分时间是使我们感到困惑。在这五年里，我们采访了数十位领导（以及他们的员工），他们中不仅有来自于商业领域的，还有来自学校、医院、体育机构等其他组织的。[1]毕竟，领导力是无处不在的，它不应该只是那些身居高位的CEO们才能享有的特权。随着进一步的探讨与努力，我们对领导力这个问题逐渐有了更为清晰和深入的了解。

本书的写作起因正是对这个问题的探索，我们希望本书能够帮助大家解开心中的领导力谜团——本书为这个问题提供了全新的答案。

我们对领导力这个问题的探索最早是从25年前开始的。对于本书的写作，我们主要遵循了如下三种途径：第一，作为学术界人士，在开发我们自己的研究模式之前，我们对前人在领导力方面的相关研究进行了深入而细致的学习和调查。第二，作为顾问，我们与全球范围内的领导者对自己的这些理论进行了深入的探讨，并结合他们的经历对我们的理论进行了有效的检验。第三，作为领导者，我们亲自把这些理论在自己的组织中进行了应用和实践。

贯穿全书，我们研究的焦点始终集中在那些具有超凡魅力的领导者——那些能够成功把握他人内心、思想甚至灵魂的领导者——身上。用马克斯·韦伯(Max Weber)的观点来讲，我们被那些具有超凡魅力的领导力所深深吸引。尽管拥有具备这些品质的领导者对一个企业来说并不意味着全部，然而我们认为一个企业确实需要拥有这样的人，实际上，如果做不到这一点，企业是很难取得良好的业绩的。

毋庸置疑，领导力是与绩效相关联的。伟大的领导力可以激励他人取得非凡的成就。但是它并不仅仅只是关注人们的成就，它也与人们的理想和目标等因素密切相关。这是非常重要的一点，但却经常被当代有关领导力的文献所忽视。各层次的领导者在绩效上有很大的差异。之所以如此，是因为他们赋予了自己的绩效和成就以不同的意义。

领导力的影响在我们的生活（工作、教会活动、体育，当然还有政治）中是非常深刻的。但是这个显而易见的事实却并不能解开这样一个现代难题：对于真实而可信的领导者的搜寻和探究。在西方社会中，人们已经开始对领导者单纯作为角色扮演者的现象有所觉醒。我们越来越开始怀疑我们是不是只是领导者手中的一种“工具”。对于真实性的探求也变得越来越迫切。

对真实性的探究

在当今的流行文化中，人们对真实性的需求越来越迫切。真实电视（reality TV）节目收视率的直线上升就是其中的一种表现。或许我们还可以从人们对怀旧类肥皂剧的喜爱中看出其中的端倪——在著名社会学家罗伯特·帕特南（Robert Putnam）的《独自打保龄球》（*Bowling Alone*）一书中对此有详细的研究。[2]

这些关于真实性的问题跟我们的生活有着广泛的相关性。现代社会的批评者认为，主要有三点原因限制或是阻碍了人性的真实表达，从而使人们难以在日常生活中做真正的自我。

首先是个人主义的胜利。如果说当代社会有一个显著特征的话，那就是在个人主义盛行的今天，崇尚个人自由的观点甚嚣尘上，逐渐成为了统治当今社会的主流价值观。但是，在这种观点的核心之处，却存在着一个似是而非的矛盾。随着社会的进步、时代的发展，人们的可选择范围越来越大，很多人开始反对这种过分的个人主义:不是表达真实的自我,而是让自私成为了主流。

这种批评的核心观点是:真实性本身需要依赖某种道德规则的约束。如果没有一系列共有道德价值观的约束,我们将不能成为真正的自我。如果缺少它们,真实可信的领导力就缺少了存在的空间,而那些自我陶醉的领导者则将大肆充斥在我们的生活中。安然(Enron)公司的财务丑闻,泰科(Tyco)、霍林格尔国际(Hollinger International)、世通(World-Com)等公司的丑闻从侧面对这种批评提供了一定的支持。

与这种道德缺失密切相关的是:当今世界正被一种独特的思维方式所支配。这是韦伯提出的观点,他把它称做"技术理性"。[3]用更为流行的术语来说,这通常被称做工具理性:一种行为的理性取决于手段和目的之间的联系,即该行为是否最有效地达到了该行为的目的。这是一种剥离了道德的理性。不管你的问题是什么,你总可以找出一种技术的理性解决办法。

对马克斯·韦伯来说,这种思维方式的胜利简直就是现代生活的梦魇。他认为:人类就像被困在了一个坚固的铁笼子里,不能从中逃脱。这种对现代生活的批评已经被多次证实,但是在我们的工作场所,结果似乎仍然是我们最终关注的主题。

从这种观点的角度来看,工作的价值被降低了。它成为了满足人们某种目的(为买房付按揭贷款、购买名牌时装等)

的一种手段，而不是为了实现自我价值与社会价值的统一。员工和经理人员成为了企业的另一种投入，我们的工作场所也变成了一个单纯存放无情机器的地方，而不是鼓励我们去实现真实自我的地方。当今很多小说或电影作品对此都有所表述，像欧洲表现主义大师卡夫卡（Kafka）的小说以及卓别林的电影《摩登时代》（*Modern Times*）等都表达了这样一个主题：所有人都拒绝被控制和操纵。

还有最后一个主题可以解释我们对于真实性的关注。这一点在亚历克西斯·托克维尔（Alexis de Tocqueville）的著作中有过清晰明白的阐述。他在其著作中引入了"软性专制"的概念——在这样一个社会中，人们牺牲了自治行为的权利，而代之以接受某种专制以实现自己的物质需要。[4]托克维尔害怕因此而导致公民社会的消亡——这种依赖众多的非正式组织为社会凝和以及运作提供关键基础的社会一旦消失，人们将无从实现真实的自我。

后来，戴维·赖斯曼（David Reisman）在他的经典著作《孤独的人群》（*The Lonely Crowd*）中对这个托克维尔式命题进行了形象的阐释：孤立、分裂的个体由于缺少了社会关系而不能塑造一个真实的自我。[5]帕特南在《独自打保龄球》一书中对此也表达了同样的忧虑。[6]在该书中，帕特南列举出了大量确凿的事实来支持这个主张：家长—教师联合会的减少；人们对公民大会的漠不关心；当然还有，尽管保龄球普遍流行，保龄球社团却日益减少。

所有的这些论点都表明：真实性已经引起了人们越来越

多的关注。这是对现代社会动荡和变革的反应。工作和家庭制度好像也开始面临相关的威胁。最近,层出不穷的地缘政治事件有力地证实了这种动荡感。随着变革频率的增加,人们开始更加希望能够寻找到永恒的意义。而我们也越来越怀疑这个世界能否由一些单纯的角色扮演者来支配和控制。

工作中的真实性

在众多的组织机构中,人们对具有真实性和凝聚力的领导者的需求变得尤其突出。传统组织凝聚力的来源开始变得越来越弱。复杂而具体的等级结构、稳定的职业,以及组织之间的明显界限等都是传统世界中的显著特征。然而,所有的这些都在悄然发生着改变。如今,在成本竞争的压力下,在对变革快速反应的需求下,大部分组织的等级结构开始变得越来越扁平化。然而,等级并不仅仅是组织中结构协调的工具,它更应该成为组织中的意义之源。随着等级机构的扁平化,意义消失了。我们希望领导力能够为我们的组织慢慢地灌输进意义。[7]

同样显著的是职业的形态正在发生着不断的变化。人们开始通过增加自身的人力资本来最大化他们的生活机会,因为他们知道单纯的组织并不能为他们的将来提供足够的确定性。如今,这一点已经得到部分的解决——人们开始成为自己生活的构建者——而另一部分原因则是由于工作中另一种意义之源的移除。

组织的传统边界开始垮掉。传统的公司行为理论是在完全市场的假定下对不连续组织竞争的描述；在这样的市场中，一个公司的赢则意味着其他公司的输。而在今天，大部分公司已经开始尝试着与供应商、客户甚至是竞争者进行联合。所谓的组织人将不得不与这个高度不明确的世界达成妥协。在这个世界里，对一个组织过度的确定将会成为一个问题而不是事业。[8]

最后，像安然等公司的丑闻给我们的企业领导者带来了诚信危机。如果公司出现某个好的结果的话，我们可能会对公司的领导者产生盲目崇拜的心理。例如现在人们对沉静型领导者的兴趣越来越浓厚了，这个现象就是其中的一个表现。而我们认为这有可能成为领导力的一条死胡同。我们不希望领导力被单纯地克隆成沉静或是聒噪的简单类型。我们希望出现的是真实的领导者。

公司丑闻是领导者道德缺失的一种表现。让我们的经济系统紧密结合起来的意识形态正在遭受到巨大的破坏。那种认为资本主义企业是由股东利益所引导的观念也遭受到了批评。对于当今流行的政治经济形态，社会上广泛存在着愤世嫉俗和冷嘲热讽的观点。

高管人员对此并不具有免疫性。在工作中，如果我们问起有关他们生活意义的话题，他们会列举出“增加股东价值”“令客户满意”等最时髦的企业宣传语；然而在家庭生活中，当被问及同样的问题时，他们承认与工作相关的压力以及垮掉的家庭生活等已经成为当今生活意义丧失的主要表现。

我们面临着社会道德沦丧普遍流行的难题。[9]

这似乎表明马克斯·韦伯关于“世界觉醒”的残酷预言完全有实现的可能。[10]

所有的这些都给现代社会留下了一个深邃的道德真空。我们不再相信我们的信仰。实际上,在人们不断寻找信仰的过程中,异教的成长已经成为当代西方社会中一个值得注意的社会现象。

对真实领导力的需求摆在了我们的面前,并且对它的呼声也越来越高。随着传统等级制度的土崩瓦解,只有真实的领导力可以填补这个空白。如果缺少了清晰明白的目的,意义将会变得难以捉摸,而领导力会让它变得清晰。不管我们何时在组织中工作,对于真实领导力的探求始终是我们最主要的目标之一。很多 CEO 告诉我们,他们最为紧迫的需求是为其组织得到一些真实的领导,而不是那些所谓完美的“角色扮演者”。真实可信的领导力已经成为当今社会中最重要的组织资产和个人资产。

第一章　有技巧地做真实的自我

“你最想培养自己哪方面的能力?”当被问及这个问题时,我们周围形形色色的各类人几乎给出了完全相同的答案:“我们最想培养自己的领导能力!”可见,做一名成功领导者的渴望在人们心中是多么地强烈!做一个成功的领导者可以给我们的生活带来多么荣耀的光彩啊!也正是对成功的渴望才引领了社会的发展和时代的进步。

而当我们向诸如大公司的 CEO 们这样的高层管理者问起他们所面临的最大问题时,他们却给出了这样的答复:我们公司需要更多各个层次上的优秀领导者。

从上面的两种答复中我们可以看出:一方面人们对成为领导者是如此地渴望,而另一方面现实生活中的领导者却又是非常紧缺的。这是为什么呢?我们认为有如下两个基本的原因:

首先,虽然许多组织机构对领导者有非常大的需求,但它们本身的结构却阻碍了领导者的出现。不管是商业公司、公共管理部门，还是一些非营利组织，我们有太多的组织机构简直就是领导者的“坟墓”，这些组织自身的结构葬送了很多领导者的才华。它们鼓励墨守成规和无条件的服从，或是鼓励毫无创造性的模仿，但它们从来不会向培养有效率的领导者这个方向前进。很自然地，这种情况也造就了众多没有斗志的员工，他们好像都罹患上了一种奇怪的现代病：犬儒主义。

第二个原因在于我们对领导力的狭隘理解。在对大量关于领导力的新老文献回顾之后，我们惊奇地发现：我们对它的理解掌握竟是如此狭隘。[1]当然，这并不是对相关研究者的批评，他们已经对该问题倾注了大量的心血和精力。在这里，我们只是对他们所使用的某些研究方法和研究所依赖的基本假设存在着一定的疑问。

大部分关于领导力的文献首先集中在领导者的特征上。这一点很容易使人们产生这样的心理暗示：领导才能是个体遗传所致。其中的潜在假设就是：领导力是我们针对他人所采取的行动，体现的是一种单向的关系。而根据我们的观点，领导力应该被看成是领导者和被领导者之间的一种双向互动的关系。

一些有关领导力的著作还试图找出培养领导能力的“通用处方”。那些困惑的领导者被要求跟“通用处方”上的领导特征和能力作比较——与处方上不一致的地方就是他们需要改进之处。这是不正确的。执意模仿处方上的所谓“完美”的领导者，即使是那些最成功的领导者，最终的结果也必定是失败的。正如拥有160亿美元资产的德国罗氏(Roche)制药公司的CEO比尔·伯恩斯(Bill Burns)所言,“那种旨在将我们都变成杰克·韦尔奇(Jack Welch)的想法是毫无意义的”。[2]

我们的观点认为,世界上根本不存在普遍通用的领导特征。有的特征放在某个人身上是适用的,但放在另一个人身上就不一定适用了。所以,如果你有志于做一个成功的领导者,就要充分地认清自己,努力发掘自身的领导潜质,做一个有着你自己个性印记的领导。[3]

还有一种在当今很流行的观点认为:要想做一个成功的领导者,主要在于人本身的自觉自知,是人的一种内生驱动力所决定的。这种观点导致人们过多地去关注领导者内在的特性,如他们试图从领导者表现出的不同情商找出决定因素,或是从对他们的心理分析中寻找答案。[4]诚然,情商是一种非常有用的生活技能,但是通过我们对成功领导者的观察发现,很少有人在自己的情商上进行了完全的开发,它们只是掌握了足够的信息,而不在于刻意地完全开发。

在整个社会对领导者需求不断增大的背景下,一方面组织机构自身的结构阻碍了领导者的出现,而另一方面我们自身对什么是领导才能所必需的也有着不充分的理解。此时,我们所面临的最关键问题就是:

如何才能成为一个成功的领导者和领导培养者?

我们认为,要想知道这两个问题的答案,首先应该明确地把握关于领导力的三个基本观点。

情境性

首先，一个好的领导者需要随着自身的处境、境遇作出恰当的反应。这可以说是一个基本常识，但却是最为关键的常识，你绝不可以忽视它。[5]

历史上也不乏这方面的案例。有些领导者在某时某地做得很成功，但是随着情境的发展，这些领导并没有作出相应的改变，最终免不了失败的命运。前英国首相温斯顿·丘吉尔（Winston Churchill）就是一个例子。他作为战时的铁腕领导者是很成功的，但是在战后英国重建的新形势下，他的好斗和倔强的风格就不再适合了。同样，在第一次伊拉克战争刚结束的时候，老布什（George Bush Senior）的强硬立场在美国人民心中具有很大威信；但是在次年的总统选举中，他却败给了克林顿，这正是因为老布什没有随着美国所面临的形势的改变作出相应改变的结果。作为对比，南非前总统纳尔逊·曼德拉（Nelson Mandela）却很好地做到了这一点，从罗本岛的监狱到南非首都比勒陀利亚的联合宫，他都随着情境的改变对自己的领导风格作出了恰当的改变，因而最终也非常成功地走完了他的领导生涯。

组织生活中也存在类似的情形。例如，有些意识僵化的管理者在需要改变领导方式的时候也不能作出相应的改变。而他们那些更具适应性的同事却能够相应地作出合适的调整——并且是带领他们的团队一起作出调整。

正如今后我们将要了解到的，对于情境的观察和理解能力是领导者必须要掌握的一项非常关键的能力。通常，我们把这种能力称做“情境感知”。这种能力一定程度上是感觉和认知能力的复合。成功的领导者会从纷繁芜杂的信息中选取最重要的情境信号，找出隐藏于表层现象之下的本质，并依此作出正确的判断。这种能力既体现在微观层次上，也体现在宏观层次上。微观层次上，像日常的会面、走廊中的一举一动、电梯中的交谈等一些看似繁琐的小事无一不体现出领导者对情境的掌控能力；宏观层次上的情境掌控能力主要体现在重大的决策制定等方面。一个成功的领导者必须要做到随着情境的改变而恰当地调整自己的领导风格，自觉地发展本身的领导能力。

领导者必须随着情境的改变而作出恰当的改变，这点对于一个成功的领导者来说是非常重要的。我们并不是在过分地强调它，因为它确实是领导者首先要具备的基本能力。同时，领导者自身的行为方式也对情境的形成具有一定的反作用，因此领导者的一举一动也能够影响甚至重新构建新的情境。通过他们之间的互动，精明的领导者会从中构建出最适合的情境，找出最有效的领导方式。当然，只找出最适合自己的领导方式还是不够的，一个成功的领导者还应该积极探索出某种通用的领导方式，以方便后继领导者也能够从中获益。

层级性

这是我们所观察到的第二条：领导者不是单纯靠层级制度就能成为领导者的。大部分文献都把过多的精力集中在组织中那些高层领导者身上。实际上，这种做法是不准确的，因为这使得许多读者头脑中形成了这样的错误观点：领导者一定是那些在组织机构中具有较高职位的人。这种观点对于我们全面地理解领导力的含义是非常不利的，如同盲人摸象一样，它使我们很难发现领导力的本质。

如果说层级和领导力之间有联系的话，它们之间的联系也是有条件的。实际上，简简单单通过赋予一个像系主任、部门经理、副主席等这样的领导头衔并不能说明你就是一个真正的领导者了。领导力的本质并不在层级上。要想做一个真正的领导者，层级既不是必要条件，也不是充分条件。

实际上，某个人能够处在领导者这样的位置上，并不单单与他的领导能力相关，其影响因素是多种多样的。有很多因素甚至比领导能力还重要，像政治嗅觉、志向、资历、人际关系等诸多因素都会起到很大的作用。

我们通过对一些组织机构的采访和观察证实了这种观点。一些大的组织在各个层级上都安排了领导者，而最明显的莫过于像军队这样的组织了。在最初的研究工作中，我们曾经对它作过调查。我们得出的结论是，军队具有严格层级制度的性质使领导力的培养异常困难。没有比事实更能说明问题的了。在军队里，单纯依靠层级是不够的。当军队身处前线的时候，有的领导者倒下了，必须有人站出来担当他的职位，所以对每一个士兵的领导才能进行培养是一项势在必行的任务。军队里也确实是这样做的。

如今，有很多组织机构也已经认识到这一点，像葡萄牙最大的公司 Sonae 公司就早已着手对所有员工的领导才能进行开发。Sonae 公司的经营范围很广，从木材加工到电信运营等，它都有所涉猎，拥有着一个庞大的零售网络。该公司非常注重员工的业绩表现，平庸之才在这里找不到自己的位置。公司的目标宣言就很明确地表明了这一点，“在 Sonae，你要么是领导者，要么就是领导者的竞争者”。这句话的含义是很明显的，如果你两者都不是，那么对不起，Sonae 公司里没有你的位置。

不管你是一家医院还是慈善机构，或是商业公司这样的组织，如果你想成功运作的话，必须要致力于培养所有员工的领导才能，并且要给他们足够的锻炼机会。

关系性

关于领导力的第三个基本观点是：领导力是一门关于“关系”的学问。简单点儿说，作为领导者，没有追随者是不可能的。很多早期的相关理论似乎忽视了这一点。或许是为了更精炼地提取领导者的特征，它们忽视了这样一个基本事实：领导力是建立在上下级之间的一种双边关系，单独地对领导层进行研究是片面的。实际上，领导力是领导者与那些渴望成为领导者的人共同建立起来的一种社会建构。成功的领导力不是把那些必须具有的领导特征简单地混合在一个人身上就行了，他们必须积极地活动于一系列复杂的相互关系中，经过必要的培养和教育，才能发掘出领导才能的真谛。正如其他的社会产物一样，这种关系网络弱不禁风，需要我们不停地进行再构建。[6]当你跟一名成功的CEO、体育教练或是团队领导交谈时，他们都会这样跟你说：他们所付出的许多努力都是为了与他们的下属之间不断地确立这种特定的关系。

领导者和被领导者之间的关系并不一定总是融洽的，有时候他们之间的矛盾可能尖锐甚至不可调和。但是作为领导者，你必须知道如何激励你的下属，使他们更好地发挥自己的才华。一些研究已经表明：被领导者总是希望能从他们的领导者那里得到鼓励，以实现个人的价值。[7]此外，如果可能的话，他们还希望能够体会到更崇高的东西——社会认同。但作为被领导者，他们希望的领导者首先应该是真实而可信的。的确，真实性对于双方的关系来讲是不可或缺的；没有它，领导者和被领导者之间就不可能建立起信任。

那么领导者又该如何表明他是可以信赖的呢？怎样才可以使被领导者更好地感觉到呢？这将是一个非常复杂的问题，因为它必将涉及不同背景下的不同行为。要想成为一名成功的领导者，你必须在这方面下足工夫，力求使自己能在各种不同的背景下都充分展示你真实的自我。在本书后面的章节中，我们将详细地对此进行讨论。

了解“真实”的概念

关于真实性的概念曾经被广泛地讨论过。这些讨论主要是从心理分析的角度来讨论的，它们关注的焦点无一例外地都集中在了复杂的自我发现过程上——关于这一问题的讨论甚至是无穷无尽的。[8]在这里我们结合本书内容，只从这些丰富的研究资源中总结如下三个关键的原则。

首先，真实的领导者必须是言行一致的。那些坚持做自己所说、行自己所言的领导者很容易树立自己的可信性，而那些“己所不欲，反施与人”的领导者就很容易会让下属背叛他们。但是，只做到言行一致还不足以使你的真实性完全树立起来。

真实的领导者必须具备的第二个素质是：立场一致。换句话说，当你不得不面临不同的环境时，你的立场应该始终不变。一个真实的领导者必须具备这样的素质：不管在什么样的情况下，始终坚持同样的立场。他在不同情况下的表现应该能让人们看到一个“真实的他”。

真实的领导者必须具备的最后一个素质是：内外一致。这一点或许是最难达到的了，因为它涉及了根植于人们心中的内在因素，不容易显露出来。这一点也是“立场一致”和“言行一致”的内在推动力。《简明牛津词典》(*Concise Oxford Dictionary*)对其的解释是“人的当然本源”。[9]在领导学的背景下，这一点也应该被领导者更好地掌握：领导者的一系列表现是否拥有一个共同的本源。

近年来，这三个基本原则的前两个已经受到了相当程度的关注。支持的与真正执行的两者之间的区别最早是由哈佛商学院的克里斯·阿吉里斯（Chris Argyris）提出来的。[10]最近，杰弗里·普费弗（Jeffrey Pfeffer）又从新的角度对其进行了回顾研究，提出了所谓“知行缺口”的概念。[11]而“立场一致”则是沃伦·本尼斯（Warren Bennis）的著作经常涉及的一个问题。[12]

第三个原则涉及人们的内心本源同目的之间的相互作用和影响。相比起前两个来，它在领导学上所受到的关注度相对较小，而与社会学方面的传统联系更加紧密些。[13]

尽管这方面的学者和著作很多，然而对于真实性的意义的理解方面，还是有许多待开垦之地，因为正是它诠释了领导者和被领导者之间的关系。最近五年来，真实性在作为领导者的一个属性方面受到了广泛关注。[14]但是，至今对于真实性的实践方面的研究讨论仍然很少。

以上，我们对真实性做了一番简单的讨论。这时，或许有人会问：所有的这些对于那些渴望获得领导才能的人有什么用处呢？答案很简单，那就是：要想成为一名成功的领导者，你必须做真实的自我，而且要有技巧。

自我

要想做一名成功的领导者，首要一点就是要做自我。关于这一点，我们在本书的前言中曾经强调过。被领导者希望能由一个真正的领导者来领导，而不是一个傀儡或是官僚主义者来随便填充领导的职位。读到此处，有些人可能会想到一个很核心的问题："为什么要由你来领导？"或是换一种方式来提问："我为什么要服从你？"

对于该问题的回答，我们不能回到领导者的特征理论中去寻找答案。这种旨在寻找领导者共同特征的尝试已经失败了：以领导者的特征为基础的研究无助于你成为一名成功的领导者。例如，成功的领导者通常会或多或少地表现出超过一般人的自信心，但这种自信心并不足以使你成为一名成功的领导者。也就是说，超出一般人的自信心并不是成功领导者的决定性条件，他们之间的关系太弱。尽管经过很多的努力，特征理论也只是一朵"不结果实的花"而已。

我们的观点正好和特征理论是对立的：那些成功的领导者知道自己具有与众不同的特征——不管它们是什么样子的，他们总会合理地运用这些特征，把它们转化为领导才能上的优势。让我们来想想英国维珍（Virgin）公司的创始人理查德·布兰森（Richard Branson）吧，他身上体现出来的特点——随意的衣着、长发、络腮胡——正好可以作为他不拘小节、不墨守成规的领导风格，也正是这些在常人看来并不是什么领导特征的特征却构成了他领导才能的一部分。可见，成功的领导者并没有特定的共同特征，你只要充分、合理地利用好自己的特征，把它们转化成适合你的领导才能就可以了。

上面的例子展现给我们的是：个体通过巧妙地利用自己的特征赢得了员工们的尊敬和服从。在这个案例中，个体的不同之处是显著、真实，并可被感知的。布兰森爵士正是通过这些不同之处传达出了他“真实的自我”，没有一丝矫揉造作，因而更具有真实性和可信性。我们不是在对一个人的特点进行讨论，在这里我们希望展现给大家的是：通过巧妙、艺术地展现真正的自我，树立自己的真实性，就更容易激发起下属的热情，使他们积极地投身于工作中。

让我们再来看看下面这个例子。马西娅（Marcia）是一名波多黎各裔妇女，她在纽约领导着一个专门负责清扫建筑物的团队。从各种意义上来讲，她都算得上是一个有传奇色彩的人物。她为自己是一个波多黎各人感到自豪，因为这使她能够了解她的团队中所蕴涵着的多元文化。她的语言和穿着充满着异国情调，但却满是激情。她常常用幽默的语言来训导员工，但字里行间叫人感到善意和亲切。通过这样的方式，她使员工了解到自己的训导是在关心员工以及关心如何把工作做好，因此员工们也很乐意听从她的领导。最终，她在纽约这样的大都市造就了一个高绩效的团队。

马西娅和理查德·布兰森在很多方面都有共同之处。那么他们是怎么做到如此成功的呢？正如我们所指出的，这跟对自己的天性、能力或局限的了解上没有多大关系。相反，他们通过积极地从事每一项富于挑战性的任务，试图跟各类员工打交道，最终造就了自己的领导才能。经过时间的洗礼，这些领导者最终在实践中摸索出适合自己的风格和特点。他们甚至不需要知道为什么会有这样的领导效果，只要能够不断地复制它们就好了。

在本书的第二章，我们将对上述内容展开详细的介绍，包括个体如何发现和利用自己的特点，以及各种特点对员工的不同影响等。对这种自我发现的过程，我们将从其根源来进行考察，像家庭、性别、居住地、社会等级等内在因素对于塑造一个人具有相当强大的驱动力。成功的领导者能够从这些丰富的经历中汲取营养，发现自我，而不管社会环境的变化有多么显著。

作为一名领导者，在展示自我的过程中，不可避免地要冒一定的风险，有时甚至是个人风险。关于这一点，我们将在第三章进行详细讨论。在这里，我们先思考这样一个问题：是什么驱动着他们一定要冒这样的风险呢？经验告诉我们，是一种永不妥协地向自己的目标迈进的精神力量。一个成功的领导者真正在乎的是他的思想、价值或人生梦想。正是这种力量的驱动促使他们在逆境中永不低头，勇于挑战风险，一步一步向成功迈进。我们可以设想一下，像马丁·路德·金(Martin Luther King)这样为维护公民权利而斗争的领导者为了追求他们的梦想是要冒多大的风险啊。

领导者在展示自身优势的同时，不可避免地也会把自己的弱点暴露出来。这将伴随着领导者展现自我的整个过程。但是，这是不是意味着他们就缺少魅力了呢？我们认为不会。显然，展示优势能够赋予某个人担当领导职位的合理性，但是你却不能要求每个领导者都是完美的。须知，所谓的领导者也是跟我们一样的真实的人，也可能会有这样那样的小缺点。因此，我们所希望的领导者应该是把自我完全展现出来的，这反而更能够证明他们是可信的。对于完美领导者的希冀，使我们忽视了人性的存在。正基于此，才有下面的悖论存在：你越否认自身的缺点，越会增加你作为领导者的弱点。

环境因素

尽管我们在上文中所介绍的自我因素对于成功的领导者是一个核心的问题，并且也越来越为人们所承认，但它还远非全部因素。世界并不是那么简单。领导行为并不是在真空中发生的：必定是存在于一定的环境中的。成功的领导者能够很好地适应环境，针对不同的环境作出合适的反应。他们进入到该环境中，并带来更多的东西。应用管理学术语就是，他们给环境增添了价值。这包括真实性与适应性以及个性与共性的巧妙结合等等，这些内容将在本书的中间部分作详细介绍。

在本书的第四章，我们讨论的是领导者的情境感知能力。不需要他人的帮助，领导者自己便可通过认知和观察技巧的结合，从纷繁芜杂的信息中找出合理有用的信息，解释正在发生的事情。这些技巧使他们能够读懂和理解情境因素，如在团队士气低落的时候进行激励，在团队自满的时候进行告诫等。尽管有的人好像天生就具有这种感知能力，但我们认为这些能力主要还是通过后天学习得来的，领导者更应该通过学习来提高他们的感知能力。在这里，我们给出了三种有效的方法，以飨读者。

关于第一个方法，我们曾在前面涉及过，是与人们的不同经历有着紧密联系的。有时，它表现在与家庭背景的相关性上，像某人儿时的家庭迁移等经历。这给他们创造了感受不同文化和生活方式的机会。[15]在这样的背景下，他们将这些不同的环境有机地融合在一起，给自己增加了更深厚的文化底蕴。或许对他们来说，这些经历的意义可能不仅仅是机会，而更是一种必需的要素。另外，某人早期的职业经历也具有相同的效果。例如，我们经常被这样一些领导者的故事所打动：在他们职业生涯的早期，他们在组织中从事一些最基层的工作（通常是销售），这使得他们有机会接触到大量潜在的顾客，并有动力去深入了解他们。

让我们看一下弗朗兹·赫默（Franz Humer）的例子，他是罗氏制药集团（Roche pharmaceutical empire）的CEO兼董事长。即使对于周围环境很微小的变化，他也能正确地感知出来；感知力弱的人对于这些微小的暗示是不会有察觉的。正是基于这样的原因，他才能在领导岗位上做到得心应手，游刃有余。赫默曾经说过，他的这些能力是在二十几岁当导游的时候获得的，那时候他经常要负责100多人的旅游团队。“根本没有固定的薪水，只靠小费。”他告诉我们，“不久，我就能估算出他们能付给我多少钱，所预测的结果不会有超过10％的误差。”

第二个方法看起来是富有建设性的：通过设置不同的环境，让个体亲身进入到这些环境里面，然后以他们的亲身经历为基础进行训练学习。目前，越来越多商学院的课程里加入了有关如何处理人际关系技巧以及调查研究等实践性科目。这种方法鼓励个体更多地去亲身体会，然后作出行为决策，学习的效果更加深入和透彻。

我们曾经对辛辛那提(Cincinnati)的一家大公司的一位中层领导进行过访谈。他指出，之所以能够在领导岗位上得心应手地工作，正是他能以某种富有建设性的方式感受环境，并以感受到的反馈为基础不断揣摩学习的结果。

第三个相关方法是进行个人针对性训练。尽管训练的类型和方法有很大的不同，但它们的目标却是一样的：通过给个体创造新的情境，让他们在这些新情境中作出决策，然后通过考察不同的反馈信息，学习针对不同环境作出正确决策的方法。

并不是只有那些组织中的高层领导者才可以进行这项训练，不管在哪个位置，你都可以让要好的同事给出反馈信息。这是一个更好的选择。我们来看看下面这则相关案例：一个缺少经验的非洲裔妇女得到了一个管理大超市的机会。然而，最初的领导工作却并不理想，她发现她领导的很多员工都比她更有经验，年纪也比她大，因此在工作中她感到畏首畏尾，施展不开。但在她进行了持续的个人针对性训练后，最终成为了一名成功的领导者。

我们还要清楚一点：成功的领导者并不只是被动地随着不同的环境作出反应，他们还会反过来影响环境——通过对环境的把握将自己的优势融入进去。这个问题我们将在第四章和第五章进行研究。

在第四、五两章，我们还会对领导力的一致性进行探讨。这主要是指领导者如何把集体利益和自己的个性有技巧地统一起来等内容。领导者如果缺少这种能力，将会很难建立起与他人的联系，因为别人根本不会相信他。但是，成功的领导者也要懂得在必要的时间和地点作出妥协。我们可以设想一下像南非前总统纳尔逊·曼德拉、北爱尔兰的格里·亚当斯(Gerry Adams)、中东的乔治·米切尔(George Mitchcll)参议员等政治领导者的例子：如果没有必要的妥协，他们能够成功吗？所以，要想做一名成功的领导者，在坚持对明确的价值观和政治目标追求的同时，还要作一些必要的妥协。你的追随者并不会因此而抛弃你，只要你的行动是从集体利益出发的。

一致性还包括领导者与追随者拥有一致的事业和目标。要想做到有效领导，你必须把你的行为与组织文化充分地融合起来，这样才会给组织增加前进的动力。那些没有做到与组织文化融合的领导者，必然会为他的下级职员所孤立，从而导致整个组织停滞不前。

这个关于组织驱动力的中心概念被称为社会现实的认知感。[16]一个领导者要想做到真实，这一点是非常重要的。在我们的现实经验中，有些人之所以缺少领导才能，就是因为他们缺少足够的社会现实认知感。

技巧因素

要想做一名成功的领导者，只是把握上面所述的两点内容——了解自我和知悉环境——还是不够的，你必须还要掌握一些做领导的技巧。并且，由于领导力主要是一门关于人际关系的学问，所以在本书后面的几章中，我们把目光主要集中在如何处理人际关系以及人与人交流的技巧上。

在本书的第六章，我们将向读者具体介绍如何处理人际关系。领导者要知道什么时候应该与员工保持亲密的关系——在员工表现出色的时候，对员工提出表扬，与他们建立一种充满着真心和爱心的关系；什么时候应该与员工疏远——对员工的糟糕表现提出批评，使他们的注意力集中到组织的目标上来。至关紧要的一点是：领导者必须能够自己创造出这样的关系，而不要求助于正式的层级制度。某种程度上，我们现在的讨论好像重复了先前一些理论家的风格，但潜藏在这种趋势下的基本概念却是最早由社会学家格奥尔格·西美尔(Georg Simmel)提出来的社会距离。[17]

针对社会距离的管理导致了一个领导力方面的悖论：尽管领导者在试图展示自己，但却很难塑造一个固定的形象。因为他们时而需要显露自己的感情，时而又要控制它；与员工之间的关系也是时而亲密，时而疏远。这使得领导者在员工的心目中变得难以捉摸。[18]在某种程度上，我们可以说：领导者是真实的变色龙。关于这方面的内容，我们将在第六章进行详细的介绍。

所有这些都脱离不了熟练的交流技巧。成功的领导者非常注意他们在员工心目中的形象。他们不会想当然地去推知别人的感觉，或是简单地设想员工在每种环境下对他们的感觉都是相同的。在本书的第七章，我们将会向读者介绍几种有用的方法：应用这些方法，领导者可以使对他们自己以及他们所处的环境的表述更令人信服。我们还会对领导者如何选出适合自己的方法给出一定的指导。

例如，有些领导者可能最适合通过讲台上的演讲来展示自己；而对另外一些领导者来说，采用面对面交流的方式效果可能会更好些。要想做一名成功的领导者，知道哪种方法适合自己是很有必要的，所以一定要把它发掘出来。最后，我们还要分析一下他们对组织的速度和节奏的理解。

在本书的第八章，我们将会对领导者的对立面——被领导者进行分析。如果说领导力是一种关系的话，那么被领导者自然也在其中发挥着重大的作用。在我们的研究过程中，我们曾经向许多被领导者问过这样一个问题：你们最想从领导者那里得到什么东西？尽管他们的回答有着很大的不同，但我们仍然能从中找出重复的内容。总结起来，主要是如下四点：真实、重视、激励和认同。成功的领导应该加深对这四个关键点的理解和掌握。

最后，在本书的第九章，我们把以上这些单独的理论进行了系统的总结。我们分析了出现某些重大问题时（这通常是不可避免的）所发生的情况，以及在道德方面对领导者所提出的一些要求。

矛盾的处理

在阅读本书的过程中，你将会看到书中的每个部分都存在一些相互矛盾的要素之间的相互作用：在展示你的优势的时候可能同时暴露了你的弱点；你既需要有一定的个性，又要适应环境；有时你需要跟员工保持亲密的关系，而有时又需要保持一定的距离。如何处理这些所谓的“矛盾”是成功领导的关键。经验告诉我们，只是妥善地处理其中一两个“矛盾”对于那些有志于做成功领导者的人来说是远远不够的。他还需要情境感觉的指导，通过掌握所有这些矛盾要素之间的相互作用，最终找出正确时刻下的正确领导方式。

随着对这些现象的关注，你可能已经得出了这样一个结论：领导力是复杂、费神的，甚至领导者本身还要承担一定的风险。这些都是真实的。很明显，并不是每一个人都能成为领导。许多经理人员没有做一名成功的领导者所需要的技巧，他们也不能很好地处理这些矛盾现象之间的相互作用。首先，要了解自己的缺点，知悉自己的长处，这才是成熟的标志；其次，要知道什么时候该与员工保持亲密的关系，什么时候该与他们疏远；第三，要在自己的个性表达与适应环境之间进行恰当的协调。

在我们的实践中，总有那么一些人忽视了自己的缺点，同时又高估了自己的长处。特别是一些高层的经理人员总是喜欢夸大自己在其他人中的口碑是多么地好。同样，我们也很容易找到如下的错误做法：一些领导者与下属之间的关系一直亲密有加，而从来不知道应在适当的时候与他们保持一定的距离。对他们来说，总是与员工保持这样“合得来的朋友”的关系可能会对他们的领导事业造成致命的破坏。而对于那些总是与员工保持疏远关系的领导者来说，与员工之间没有了联系，领导力的效果也就无从谈起了。

最后，我们还要指出一种错误的观点：有很多人认为领导的艺术就是把“真实的自我”无拘无束地展现出来，被领导者“要么选择接受，要么选择放弃”。这样做的结果自然是：他们发现越来越多的人选择了放弃。领导者不是“西部牛仔”——骑着马冲进城镇，横冲直撞，开枪杀人。这显然不是一种合适的方法。正确的方法是：你先对该城镇取得一定程度的了解，努力遵守该城镇的规则，从而使得该城镇的居民认为你所做的一切都符合他们的利益；这样，你才会成为一名成功的领导者，而不需要费一枪一弹。

你选择哪一种？ 领导还是生活？

然而，所有这些品质对于成功的领导者来说都只是必要条件，而非充分条件。具有这些品质的人还必须要具有成为领导者的意愿——很多非常有才能的人是不愿意肩负这样的责任的。[19]这些人可能更愿意把他们的时间花在个人的生活上，而不是工作上。生活和工作之间，有的人更愿意选择生活；工作和做领导之间，有的人会更愿意选择工作。

上面我们提出的这个问题，现在流行的很多讨论都把它忽视了，尤其是商务上。很多情况下，它们都是想当然地假定：每一个人对领导的欲望都是基于绝对的精力、动力和意志力。而我们认为，每一个人都是与众不同的个体，都有发展成为领导者的潜力，关键的问题是：你到底想不想做一个领导？如果回答是肯定的，你是不是愿意为它作出足够的牺牲呢？

有很多因素都可能会无情地打消一个人成为领导者的勇气，像无趣的教育体制、枯燥的工作、官僚体制等。尽管我们也相信，排除这些障碍后会有更多的领导者出现，但是如果说一下子所有的人都想成为领导者了，这未免不合情理。

有种观点认为：好的领导者总是能够带来好的商业结果。这样的观点是不理智的，我们在早先的论述中也曾经谈到过这一点。然而，这却是许多研究者都很容易掉进去的陷阱。我们对结果的关注似乎有些过头了，有时候是以忽视手段为代价的。有趣的是，对领导力的经典解读却被认为是一种手段。对结果的过度追求是由一种当代的自负和对道德的侵蚀所造成的。

有些公司领导有方却没有产生好的短期结果，而有些公司虽然取得了好的结果，但却领导无术。例如，我们都知道的安然公司一度有着非常优异的业绩，可现在它已经宣告破产。如果我们把结果当成对领导者的唯一考量手段的话，挑选好的领导者将是一件非常容易的事情，你只需要选择那些有着最好商业结果的公司的领导者就可以了。但这很明显是不对的，只要看看最近曝出的管理丑闻和公司倒闭现象，你就会清楚，事情并不那么简单。

作为一名领导者，与员工的联系是领导力的核心属性，这也是本书所关注的焦点内容。正如我们曾经提到过的，要想有杰出的表现不可能离开与员工的妥善关系，但是领导者必须还要把握精力所用的方向。

由特定的公司文化(例如安然)产生的“兴奋”会导致不妥当的行动,甚至会造成灾难性的结果。例如,如果公司生产的产品销路不好,或是政府搁浅投资等情况出现了,即使领导者能很好地激励员工,它们也可能会面临着失败的结果。相反,如果某个公司有幸身处受保护行业,又有垄断地位的话,就会很轻易地取得令人满意的表现,而不在乎是否有好的领导者。

尽管有上面这么多附带性的条件,下面这句话始终是真理:成功的领导者能够,也必须要表现得与众不同。只有这样,你作为一个领导者的能力才会有长足的进步。在这个过程中,你可能已经使这个世界更美好了。正如我们时常呼吁的那样,“有技巧地做真实的自我”。在接下来的几章中,我们将会带你领会这句话的含义,并告诉你如何具体实施。

员工们总是会没完没了地问这样的问题:凭什么要由你来领导别人?凭什么要由你来领导我们?要想做一名成功的领导者,你必须完美地回答这两个问题。本书的主旨就是要和你一起回答这两个问题。

第二章　了解自我和展示自我

了解自我是做领导者的首要条件。除非你真正了解自己，否则你不会成为一个成功的领导者。你的同事（也是你的潜在下属）有一个简单却又是最基本的需要：他们希望是由一个真实的人而不是一个公司的官员来领导。除非你能向他们展示真正的自我，展示你的立场，展示你能做什么和不能做什么，否则你就不可能有效地激励和领导别人。[1]

让我们来看一下马丁·索雷尔（Martin Sorrell）的例子。他是英国百帝集团（WPP，全球最大的广告服务商）的CEO，著名的智威汤逊（JWT）广告公司就是集团中的一员。在他的公司里有许多人都是富有创造性的人才。这些人因难以领导和管理而闻名，但同时他们对于公司的成功又是不可或缺的。确实，百帝集团的任务和目标宣言就突出了这一点："发掘和管理人才，用人才治天下。"

一眼看上去，索雷尔就是一个浑身充满能量的人。他为人坦率、聪明，又富有主见。在20年的任职期内，他充分应用自己的才能，建立了一个令人敬畏的全球性大公司。在这段时期内，他同时掌握了如何把自己的特点转化成领导才能的技巧。随着我们对索雷尔的同事的采访，一幅气势磅礴的画卷展现在我们面前。

首先，他们会向你讲述索雷尔对于电子邮件的快速回应——不管何时何地。举例来说，索雷尔经常会在美国工作一个星期的同时处理伦敦的事务，这就需要他在伦敦时间还要工作。他所有的15 000名员工都可以随时随地地跟他联系。索雷尔想要传达的信息是很明确的：你是很重要的，我随时随地都在恭候你。他曾经说过："如果某人联系你，一定有他的理由。没有比给出一个语音留言却得不到任何回音更令人沮丧的了。毕竟，我们是处于服务行业中的。"

但是，这并不是他沟通方式的唯一与众不同之处。"我经常被人看成是一个乏味的工作狂或是一个事无巨细的管理者，"他说，"但我宁愿把这看成是对我的褒奖，而不是对我的贬低。工作细节很重要，你必须要知道正在发生的事情。"任何一个受到索雷尔视察的员工都会被问及一些棘手的问题，并要求提出有创造性的看法，这对公司的创造性经营很有益处。索雷尔的与众不同使人们认清了这样的道理：创造性对于一个公司非常重要。他的百帝集团也确实做到了这一点。

当我们跟索雷尔的同事谈起他的时候，他们会告诉你索雷尔的另一个与众不同之处：对完美的永恒追求。虽然他完全有理由为百帝集团的成就而骄傲，但是他却总是不时地提醒人们，“还有一段很长的路要走”。

索雷尔并不是世界上最好自省的人，因为他太忙了。但他却能在各种特定的环境下应对自如。他充分地利用他与众不同的领导才能——平易近人的作用、对细节的把握能力、废寝忘食的工作精神——和创造性相协调。一方面，这些宝贵的领导资源可以帮助公司免于由层级制和自满所带来的错误——这些错误足可扼杀公司的成功；另一方面，它也可以扼制无限制的新创意的产生，从而避免让一个富有创造性的组织失去工作重心。

私人舞者

当然，了解自我和展示自我是一件“说起来容易，做起来难”的事情。很多人因为害怕被奚落或者失败，不能轻松地表达自己。结果呢？他们在公司中无法表现出真实的自我。他们把真实的自我和更多的精力留给了自己的家人、朋友、私人生活以及地方社区。[2]

尽管这一问题很少被讨论到，但很多人确实是在工作中不敢或是不能做真实的自我，并且由此引出了“工作与生活”之间协调的争论。我们的工作场所文化使得工作中的自我和生活中的自我很难和谐一致。“工作与生活”之间的协调不仅仅意味着花时间在家中，它实际意味着把工作场所转变成展示真实自我的舞台。即使处在一个鼓励展示自我的组织中，人们也并不一定能做好展示自我的准备，他们的经历可能早已使他们失去了了解自我和展示自我的能力。[3]

事实是，要想展示真实的自我，需要一定程度的自我认知（最少也要是自我意识）和自我展示的结合，二者缺一不可。

我们曾经观察到很多虽然具有自我认知能力但却不能做到自我展示的案例。由于他们的同事往往并不是一些很关注别人想法的人，所以除非他们能够克服自我封闭的弱点，否则很容易陷入不被人理解的境地。很多内向的经理主管人员就陷入了这样的困境。随着领导者被要求更快地发挥自身的影响力，这个问题也变得越来越突出了。硅谷一名非常有才能的经理人曾跟我们谈到过一个很有说服力的观点：技术能把人类的生活变得更美好。她对这个观点有着非常强烈的信念，但是当我们问起她的同事怎么看待她所支持的观点的时候，他们却并不知道她持有什么样的观点。可见，这名经理人虽然有很强的自我认知，却没有找到自我展示的正确媒介。

同样，还有一些人由于缺少自我认知的能力，致使自我展示的努力也没有了效果。他们试图与人沟通，但他们反映出的自我形象却是不真实的，这时同事们对他的感觉会是虚伪和不可信。你必须谨记一点：真挚诚实是不可以被伪造的。有这么一个案例：我们曾建议波士顿的一名风险资本家平时多花点时间联络一下他的团队，因为他的同事觉得他冷漠而疏远。他采纳了我们的建议，决定周五下班后邀请大家共进晚餐。晚餐上，他表现得很虚伪。他自认为做得很成功，但是他的员工却能感觉到他是不真实的。

因此，要想做一个真实的自我，你必须充分地了解自己和展示自己。（换句话说，你必须有充分的自知，并且要时刻准备着自我展示。）

正如你不可能完全了解自己一样，展示自我也不可能是完全的。成功的领导者要做到充分地了解自己和展示自己，并尽可能最大化自身的领导力。

大量的学者曾把目光集中在个人特征的研究上，并形成了许多这方面的理论。在这里，我们不打算重温这些理论，而且我们认为个人特征并不是理解领导力的核心所在。不过，里面还是有一些相关的概念值得我们研究，如“自我”“特征”以及“个性”等。[4]

即使你不了解这些研究，你也应该熟悉它们的一系列“副产品”：心理检测和诊断工具。利用这些工具可以帮助你了解自己是怎样的一个人：你的优势、弱点、天资以及个性品质等等。

在通常情况下，自我评估工具是很有用的。举例来说，它可以帮助我们了解什么样的工作或职业是最适合我们的。但是极端地讲，这些方法也有其局限性。作为有着不同个性的诸多个体，怎么可能轻易地被那些评估工具所“设计”？同时，发现自我很可能是一生的事情，这个过程包含着数不清的试验和学习、试错过程以及迂回曲折等。每一个曲折都会引导你认真地学习，并且学习的过程总是与他人联系在一起。

如果要全面地理解领导力，这些以个人特征为导向的心理研究具有很大的局限性，因为领导力本身是一种关系。在人的一生中，你将会不可避免地在一定的环境下展示给他人你所了解的自己。这需要你在不同的时间和不同的地点展现出你不同方面的个性特征，因此自我塑造也是一个伴随你终生的过程。

为你所用

既然自我塑造是一个终生的过程，那么我们再持有“自我展示完全取决于自我认知”这样的观点就不明智了。即使是对于成功的领导者来说，要想达到完全的自我认知也是不可能的。有些人总是过度地担心他们的自我认知能力不足，而另一些人却沉溺在深深的自恋中，不可自拔，以致完全扭曲了对自我的认识。[5]这些都是可以理解的，毕竟，他们只是普通的人而已。

成功的领导者有一个显著的特征：他们对于那些为他们所用的东西有着特殊的感觉。我们先前也曾提到过，这并不需要他们对于其作用机理有多深刻的了解，那是理论家的工作。就我们所观察的成功领导者而言，他们的成功主要还是一个自我认知的问题。在与人交流中，领导者能够更好地解读自己在他人眼中的形象，并且还能积极地影响这种形象。

让我们来回忆一下青春年少时第一次约会的场景吧：尽管已经用上了最好的化妆品，还总是在镜子前看了又看；尽管已经穿上了自己最喜欢的衣服，还在想它到底是不是合身。想一下曾经陪伴你的幸运衫、射门靴或是能给你带来好运的特定味道的香水……这些场景并不只属于那些渴望成为成功的领导者的人，但所有这些东西却都是在为你所用的。或许，你曾经注意过如何才能使自己表现得更有影响力：是舞场里轻歌曼舞的你呢，还是咖啡厅里高谈阔论的你，或者是公园里悠闲漫步的你？实际上，你是在利用你的与众不同之处对别人施加你的影响力。

成功的领导者深谙此术。他们对自己的与众不同之处有着深刻的理解，尤其是对那些能给别人留下深刻印象的特点更是了如指掌，并以此作为进一步展示自我的基础，把这些不同之处与自身结合形成其特定的领导才能。

让我们来看一下比尔·盖茨(Bill Gates)的例子。盖茨的与众不同之处在于他是一个电脑“怪人”。尽管他表现得有些“怪”，但一到计算机领域，他对电脑技术的了解却是彻彻底底，无人能及。于是，他充分利用他的这种“怪”树立了独特的自我形象，并且把它转化成了自己领导才能的一部分。

回想一下前面我们谈到过的理查德·布兰森是如何充分利用自己独特的身体特征并将其转化为领导才能的：他随意的衣着、长发、络腮胡恰恰塑造了他不拘小节、不墨守成规的领导风格。美国前总统克林顿展现其个人魅力的方法更是不同寻常：他与人握手的时间总是比预期的要长一秒钟。效果的确存在，跟他握过手的人对此印象很是深刻。

20世纪80年代，英国普内门化学工业公司(ICI)的老板约翰·哈维·琼斯(John Harvey Jones)在业界以他的长头发和高嗓门而闻名。这是不是他成功的唯一因素呢？当然不是。但是他巧妙地把自己的这些与众不同之处跟他的冒险精神和企业家精神结合起来，塑造了一个独一无二的约翰·哈维·琼斯。在开始，我们对此表示怀疑，因为一个人的领导才能绝不是仅仅依靠个人的志趣或偏好就能够建立的。但是，随着时间的推移，我们就会发现正是琼斯的这些与众不同之处为他所用，跟他自身结合，才构成了其特有的领导才能。他的这些与众不同之处帮助他传递出正确的信息，使他得以在众人中脱颖而出。

在西方人眼里，即使在那些强调一致与服从的社会，领导者也是有机会通过一定的技巧把自己的与众不同之处表现出来的。举例来说，富有传奇色彩的日本索尼公司创始人盛田昭夫(Akio Morita)在业界以精力充沛为世人所熟知：在他 72 岁的时候，仍坚持每天早上 7 点钟起床，然后与一些年轻人打网球。他还勇于挑战日本社会传统的风俗习惯。例如在他的《永远不要在乎学校里的成绩》(*Never Mind School Records*)一书中，他就认为：一个人在学校里的学习成绩与他会不会做生意之间的相关性是不大的。[6]他通过对美日经济关系的本质进行彻底的反思，最终使索尼公司成为第一家在纽约证券交易所成功上市的日本公司。不仅如此，他还创造性地提出：公司只是服务于其顾客、股东和雇员的最大利益，而与该公司源于哪个国家并无关系。这样惊世骇俗的理论在当时很有冲击力。

但是请记住：领导能力与领导层级是不等价的。很多人在想方设法地利用他自身的与众不同之处，目的就是在组织的各个层级上树立与其相适应的领导能力。卡罗尔·布朗(Carol Brown)是我们在纽约的某所医院中遇到的一名护士，她非常擅长处理人与人之间的关系。她在这方面很有技巧，一定程度上，我们可以说她在这方面很有魅力。而真正值得注意的是，她充分利用自身的个人魅力使医院里的护士、行政人员、医生以及护理人员紧密地结合起来，塑造了一个坚实的团队。

以上我们所介绍的这些大都是人们在无意识下的选择。很多情况下，人们会有意识地去选择适合自己的发展方向，然后再去着手准备，从而树立自己的领导风格。

让我们来分析一下保莉特(Paulette)的例子。她是宝洁公司的销售总监。在第一次到宝洁公司面试的时候，她给公司留下的印象是腼腆，甚至有点害羞，显得少言寡语。确实，我们第一次单独与她交流的时候，也觉得她身上没有任何特别之处。但是通过观察她带领团队的实际情况，我们立刻发现她具有很强的领导才能，主要表现在如下两个方面：首先是她超强的分析能力。从市场的每个细节到市场竞争者，从产品分析到员工的感情，她都了如指掌。第二点，她对胜利的激情感染了身边的每一个人，促使他们努力工作，发挥自己的才干，从而使团队产生了高绩效。如今，我们很少会看到有人能如此成功地把这样的意志转变成领导才能了。

格雷格·戴克的领导力

格雷格·戴克(Greg Dyke)是传媒巨头 BBC 广播公司的前总裁。在他的领导下,BBC 广播公司做得非常成功,是广大英国民众引以为豪的伟大成就之一。它常常被看做是现代英国王冠上一颗耀眼的宝石。

BBC 广播公司是英国本土节目覆盖面最广的一家传播机构。的确,经营这么大的公司是一项非常艰难的工作。公司雇用了大约25 000名员工,每年创造的收入大约有 30 亿英镑。公司的营业数额是如此巨大,因而其受关注度非常高,当然一些批评的声音也常常伴随其中,不绝于耳。就像戴克说的,如果公司的节目吸引了更多的观众,节目会被批评为“低俗”;如果公司的节目收视率下降了,人们又会批评它是在“浪费纳税人的钱”。

在戴克的任期内,BBC 广播公司发生了诸多重大的变化。他先是增加了节目制作上的开支,然后大力削减行政支出,为此他首先裁掉了公司中由专职司机开车的车队。但令人印象最深刻的还是他有力地振奋了公司员工的士气,鼓励他们对“发生在身边的每件事”进行创新和改革。

从身体特征上看,格雷格·戴克长得并不像是一个典型的公司老板。他身材矮小而健壮,头发稀疏而略显秃顶。他的穿着个性鲜明而时髦,身上展现出些许的演艺明星的风格。他的所有服装都来自于同一个裁缝,但绝对不是“学究”型。他步履轻快而果断,举止行为散发出巨大的能量——他曾是一位非常有前途的400米运动员。

在与人交流的时候，戴克总是平视对方，喜欢直接用眼神之间的沟通——除非是传达坏消息的时候。他讲话的时候带着浓厚的伦敦口音。行为举止风度翩翩，令人愉悦；激情四射中隐含着深厚的教育修养。他喜欢音乐、科学，还酷爱足球，是曼联队的铁杆球迷（并且曾经做过该队的董事）。

总而言之，格雷格·戴克绝不是你所想象的BBC公司总裁的模样，他跟其他的公司总裁有着很明显的不同。但是，他充分而巧妙地利用了这些与众不同之处，跟自身结合形成了与BBC公司的前辈们都不同的领导风格。他重新确立了公司文化：高激励、高绩效的团队；以丰富人们的生活为公司的宗旨。他的失败（在2004年，他与政府经过了长时间的高调对峙，最后被迫辞职）并不是因为自己的领导才能不足。（至于其原因，我们将在后文中予以阐述。）

仔细观察戴克，你会发现他既做到了深入地了解自我，又做到了熟练而有技巧地展示自我。在他领导公司的过程中，做到了在恰当的时候利用他的显著不同之处赢得最大的影响力。他的精力和个性深深地影响了他的追随者。

在他离开公司的前夜，员工们史无前例地为他安排了动人的告别仪式。大批的员工聚集在BBC广播公司大楼前面，为他多年来所作的贡献而喝彩，很多人眼里含着热泪。作为一名领导者，戴克为员工所信任，他们愿意矢志不渝地跟随着他。正如我们在后文中将要了解到的，个中的原因正在于戴克真实可信的领导风格。

领导者的不同特征

做一名成功的领导者,并不一定需要你有超人的能力。例如,已故的达尔文·史密斯(Darwin E. Smith)曾经在著名的金佰利—克拉克(Kimberly-Clark)公司做了 20 年的 CEO,但他却是一个内向、谦逊甚至有点憨的人。他整天穿着过时的衣服,配一副黑框大眼睛,整个土头土脑的乡下人模样。第一眼看到他,你绝不会把他跟一个企业精英联系起来,但是他却充分地利用了这些特点,把它们转化成了独特的自身优势:在生意场上越发显得诚信,也避免了不必要的外界关注。然而,就是在这样一个人的带领下,金佰利—克拉克成为一个可以跟宝洁、通用、可口可乐、3M、惠普这样的大公司相媲美的公司。[7]

还有很多其他领导者也在充分利用他们的与众不同之处,最大化其影响。现任伦敦市长肯·利文斯通(Ken Livingstone)就是这样一个例子。他的穿着看起来更像是一个忧心忡忡的大学教授,讲起话来带一口浓重的鼻音。他曾巧妙地利用自己的领导才能做了两件大事:一是大力削减了城市交通费用的支出;再就是他不失时机地引入伦敦市中心的收费机制,以解决城市中心的交通拥塞问题。很少有其他领导者能够实施这样不受欢迎的政策而不被罢黜的,而这正是他自身的领导才能所致。在 2004 年的换届选举中,利文斯通又以高票成功连任。群众非常信任他,知道他是真正为伦敦市民的切身利益着想的。他们或许不同意利文斯通的政治主张，但仍会投他的票，因为市民们从利文斯通的一言一行中感受到了他对伦敦市民的忠诚。

有时，同事们感觉到你所具有的个性差异可能并不跟你想的一样。罗氏制药公司的总裁弗朗兹·赫默就是个例子。最近几年，我们对他的很多同事调查过关于赫默留给他们的印象。他们会列举出很多，像企业家才能、市场洞察力、改革创新力等等。但是，他们感觉最深刻的会是其中的哪一点呢？是他的情感沟通方式，尤其是他那双刺人心魄的蓝色眼睛。更令人惊奇的是，这项调查是出自以严谨的理性思维著称的瑞士科学家之手。

但是，通过我们第一次与赫默的会面，所有的答案就都揭晓了。我们几个作者被请到了他那间可以俯瞰莱茵河美景的大办公室里。我们先是礼貌地说明了来意，然后向他提出了第一个问题。他听完后，静静地从桌子边站了起来，大步走向窗边，对着莱茵河凝望了几秒钟。然后他点起一根雪茄，慢慢地走到我们身边，用那双锐利的眼睛透过眼镜上框看着我们，回答了第一个问题。

从提问到他回答问题大概有一分钟的样子，但我们感觉起来就像是过了两百年。要是放在其他的 CEO 身上，第一次会面就做出这样的行为举止往往被看做是傲慢无礼、矫揉造作；但放在赫默的身上，这绝对是一种曲解。后来，我们从他的同事那里得到了确认：赫默非常善于使用适当的沉默和面部表情来传达他深邃的思想。这种表达方式对于经营着那些复杂的或是以知识为基础的大公司的 CEO 来说是非常合适的。

弗朗兹·赫默认为个人的激情是改革创新的驱动力。他在公众面前讲话时的表现简直是无可挑剔地完美。他巧妙地把丰富的个人感情跟自己的语言相结合，取得了非常好的效果。[8]

赫默的一个同事告诉我们："在一次公司的高管人员会议之后，我们还欣赏了一场精彩的音乐会。小提琴手长得很漂亮，演奏得也很好。在她演奏结束的时候，全场报以热烈的掌声。意识到大家都这么认同小提琴手的表现，赫默从椅子上站起身来向小提琴手走去。他走到舞台前停了下来，把放在台前的花从盆中拔出来，走上舞台献给了小提琴手。赫默的幽默、创造性甚至可以说是冲动从此可见一斑，他的举动也立即赢得了大家的认同。热烈的掌声又一次响起，伴随着大家真诚的笑声。这就是弗朗兹——冲动、敢作敢为，还有得体的举止，所有的这些都完美地结合在了他身上。"

真实性检测

每个人都有其不同的特征，因此任何企图找出领导者共同特征的尝试注定是徒劳的。这是因为你所展现出的个性特征必须是真实可信的。如果你把自身没有的所谓"领导者特征"强加在自己身上时，很可能会造成"水土不服"的后果：因显得矫揉造作，愈发不够真实。你所要展示的个性特征必须是有影响力、真实且可被感知的。

让我们回想一下马丁·索雷尔。他是有意地在展示自己的个性特征吗？是的。他所展现的这些个性在百帝集团中是有影响力的吗？当然是。这些个性特征是真实的吗？完全真实。

到目前为止，我们已经列举了许多领导者的例子，他们无一例外地都是在利用自己个性上的与众不同来表明真实的自我以及他们所代表的立场：布兰森的不墨守成规、克林顿的个人魅力、哈维·琼斯的企业家风度、比尔·盖茨在电脑方面所展示出的“怪才”、卡罗尔·布朗对病人的关心、格雷格·戴克的平易近人、达尔文·史密斯的谦逊、弗朗兹·赫默的感情色彩，还有利文斯通的为伦敦市民的切身利益着想等等。

在以上所有的这些例子中，领导者们在各自的背景下，恰如其分地应用了自身的个性特征。他们传达出了真实而正确的信息，正是这些真实的自我展示使他们显得真诚而可信。

但是，我们应该如何判定这些自我展示的真实性呢？这是一个很难回答的问题，因为这里存在着一个大而复杂的哲学问题。最终，我们通过强大的人性能力本能地识别出了那些不真实的自我展示。

许多关于领导力的书都存在着这样的问题：它们列举了很多领导者成功的例子，固然这些都是必不可少的，但是很多读者看到这样的内容会自然而然地往领导者共有的特征上来想。这或许不是作者们的本意，但当读者很自然地推断出“那些成功的领导者这么做成功了，那我们通过模仿他肯定也会成功”这个结论的时候，就容易陷入“特征理论”的危险。我们在前面的章节已经证实过这个理论是错误的了。如果你渴望成为一名成功的领导者，你首先需要知道这样一个事实：没有什么比“真实”的力量更强大了。所以，你需要学习如何有技巧地展示真正的自我，而不是刻意地模仿别人。

这意味着你必须充分地利用你所拥有的资源发掘自我，并且要不断地通过观察别人对你的感觉来对自己的行为进行真实性检测：别人对你的感觉是你所想表达的吗？别人对你的感觉是真实的你自己吗？发掘自我通常意味着需要你追溯到你的出身，关于这一点我们将在本章的后续部分进行详细介绍。例如，马丁·索雷尔曾向公司的员工提及这样的观点：他的很多思想都是源于其父亲的观点。同样，格雷格·戴克平易近人的领导风格也是深受其父的影响。戴克的父亲是一个非常平和的人，“他会跟每一个人说话，包括扫马路的清洁工，他还会取笑那些生活态度太严肃的人”。

真实可信的领导者绝不会去刻意地模仿别人。他们会与员工保持一种真实的关系，同时他们也会不断地对自己进行真实性检测。罗氏制药公司的CEO比尔·伯恩斯告诫我们说：“当别人把你捧上云端的时候，你必须脚踏实地。如果你把自己高高放在云端，你将听不到真实的声音：阿谀奉承之徒的甜言蜜语将会萦绕在你耳边，他们能很好地读懂你，知道你喜欢听什么。最后，你会像一个蜂王一样，只知道呆在安逸的蜂窝里，而不与工蜂保持任何联系。如果在我身上出现了这样的情况,我的妻子和秘书会被授权重重地敲打我的脑袋,以使我能很快地清醒过来。”

当然,这并不是比尔进行真实性检测的唯一方法。根据我们所了解到的情况,最近几年来,比尔广开渠道:一方面,他要求员工通过不同的方式对他进行全方位的评价;另一方面,他也会跟其他成功的领导者交流,了解其他领导者对他的看法。他不是在耍什么花招,而是一种单纯的需求:了解自我,以此来增强自己的可信性,自我完善,在成功的领导之路上向前迈进。

领导力的舞台

比尔·伯恩斯的这些自我检测方法是非常巧妙的,这也使我们想起了其他一些成功的领导者所采用的方法。他们会去时刻感知别人对自己的感觉,并且努力找出是哪些个性差异引起的这些感觉。

领导才能也会不可避免地包含部分的表演性元素:一定程度上可以说,他们是在为员工的利益而表演。这个表演需要你充分发挥自己的与众不同之处,要有技巧地表现出来,并且要求你有意识地思考各种不同的结果。但是,表演并不意味着你不够真诚。因为,要想做一名成功的领导者,你需要有足够的职业道德:为了你和你的员工,你需要把自己融入到领导者的角色中。正如这些例子展示给我们的,他们会给自己留一个座位,以观察他们自己在角色里的表现,评价自己的表现,并结合其他人的需求,完善自己。

有时候，在领导力的形成过程中还会存在一些意外的因素，它们可能会起到关键性的作用。我们在巴西见过这样一个社会工作者，他希望执教一支足球队以融入当地的团体。一开始，大家对他这样一位温文尔雅的慈善家能否做好这份工作是持怀疑态度的。但他表现出了强烈的自信。他曾是当地球队里的一名中后卫，因作风硬朗而在周围小有名气。在他执教的过程中，他设法把作风硬朗的风格融入到球队里去，这给以技术为主流的巴西足球带来了一股清新的风。最终，他赢得了大家的尊重和爱戴。

琼·汤姆林（Jean Tomlin）是英国零售业巨头玛莎（Marks & Spencer）百货公司的人力资源总监。[9]在像玛莎这样的大公司里，能做到人力资源总监这个位置是很不简单的，更何况她还是一名黑人。她曾经对如何恰当地展示自我作过一番精辟的论述：

> 在我进入一个新环境之前，我会尽量去了解他们的想法。而对于我应该说什么样的话以及在那个新环境里我应该做一个什么样的角色，我也要进行准备。在参加某个典礼活动，或是进入一个满是生人的房间时，我会事先了解一下那里的具体情况，以便能作些必要的准备。我希望能做真正的自己，但有时候针对具体的环境作一定程度的改变也是很有必要的。你所了解的我只是一个时间段里的真正的我。这不是在伪装，也不是我的一个侧面，这与周围的环境有关。

> 做领导我有自己的一套。如果有人说我的目光很集中，我讲话的速度慢而有力，那么很明显，这一定是我们在讨论具体的任务。我严肃的面孔只不过是我在具体环境之下的另一个方面，那些认识我的同事也都理解我这样的举动。

约翰·莱瑟姆(John Latham)是一所公办学校的校长，他在展示自己个性差异的时机和方法上极具创见。尽管自己拥有天生的激情、眼光和热忱，他还是低调地选择了到当地一所公办学校担任校长的职务。约翰的到来给学校的员工带来了不小的震动。

莱瑟姆对我们说："我花了很长的时间来考虑在就职典礼上的第一句话应该怎么组织。我的前任校长是用自己的姓来称呼自己的，但我觉得这样表达会显得有些突兀，于是我决定用自己的名字来称呼自己。'我的名字叫约翰'，我是这样开始的。接着我向他们解释教学和学习是我工作的动力，然而我发现他们不愿意听这些东西。于是我试着叫他们来讲一些他们感兴趣的事情，由我来听。结果证明这样做是成功的。他们中有人告诉我教室的门把手坏了，一直没人修理；还有人抱怨几间教室的锁坏了好久了，也没人管；他们还述说了很多其他的事，都是他们所关心的身边的事情。我们就是从这些小事开始交流的。当天下午，我就处理了其中的几件事情。我希望能在他们心中树立一种做事干练的形象。"

约翰·莱瑟姆的话向我们阐释了这样的道理:要想做一名成功的领导者,你必须尽快把自己"正确的"与众不同之处展现出来。在他的例子中,约翰迅速建立的与众不同之处在于:投身于教育的激情,结合着谦虚、能认真听取别人意见的态度以及做事干练的风格等。

别人对你的印象一经确立下来就很难再转变,这也是我们通常所说的"先入为主"的道理。西蒙·格利福德(Simon Gulliford)是巴克莱银行的营销总监。当他第一次坐上这个位子的时候,他发现很难把自己那种威尔士人的直率融入到公司那稍微带点政治性的文化中去。西蒙曾是南威尔士工业谷的一名橄榄球运动员,讲话时带一口浓重的威尔士口音,显得不够时尚和优雅,有点儿乡巴佬的味道。他计划到分公司进行一系列的上任巡回演说,我们建议他尽快地实施这一计划,因为我们知道他的演说条理清晰、个性张扬,并且幽默风趣,很容易赢得听众的心。结果不出我们所料,员工们听了他的演说之后为他的才能所折服,表示完全愿意服从他的领导。

妥善的表现

雀巢咖啡公司的总裁彼得·布拉贝克的照片曾经出现在一份雀巢环境报告的封面上,照片上的他身着登山服坐在瑞士一座山的山顶上。而在另一本出版物雀巢《领导和管理的原则》(*Leadership and Management Prin ciples*)的封面上,他身着黑色套装出现在公司总部的外面。他这样向我们解释说:“我之所以使用登山者的形象,是因为水和环境是富有感情色彩的主题。照片上的形象并不是人工合成的,那是周末我去爬山时照的。我的确是一名登山爱好者,这一点必须要真实而可信,来不得半点含糊。那幅登山的照片体现的是生活中的我;而在公司大楼前的形象,我是代表着我们的公司。这两幅照片的效果都不错,关键是它们都很真实,没有一幅是人工合成的。”

有技巧的领导者会把自己真实的与众不同之处充分地展示出来,以确立自己的可信性。他们还会创造特定的环境,以使自己的与众不同之处有充分展示的舞台。

当托马斯·萨特尔伯格(Thomas Sattelberger)出任汉莎(Lufthansa)航空公司副总裁的时候,他说:“我必须要创造自己的舞台。”萨特尔伯格是一个非常有才华的公众演说家,在他演说的时候,他的眼神好像在跟每一位听众交流。他曾经说过,他最擅长的不是“一对一”,而是“一对多”。所以他往往采用员工大会的形式,一次为 200 个以上的员工演讲。“人们希望看到我的眼睛,”他说,“所以我通常不在讲台上摆桌子和放映机设备,而是直接搬一张椅子到讲台的中央。这样,人们就可以直接与我的眼睛交流了。”他是正确的,他出色的表现也使他成为了一名成功的领导者。

当然,在表现与众不同之处的时候,你一定要做到非常谨慎。因为如果做得不好的话,会有被员工认为你是在卖弄的危险,这往往会导致失败的结果。这也是 20 世纪 90 年代早期英国石油公司的 CEO 罗伯特·霍顿(Robert Horton)在任期内发生的事情。他那夸张的自我表现会有令人畏缩的感觉，有时候过分的才智展示又使人觉得他有些傲慢和自我炫耀。他自信的处事作风很适合其在美国时的工作，但在英国就不适合了。毫无疑问，正是他这些与公司文化格格不入的个性差异才导致他上任不到三年就被解雇了。

无独有偶，前英格兰国家队主教练格伦·霍德尔(Glenn Hoddle)身上也发生过类似的事情。一次，他要求队中的明星球员贝克汉姆(David Beckham)训练某个特定的技术动作，可是贝克汉姆不会做。于是，曾经也是一个出色球员的霍德尔对着贝克汉姆说："过来，我教你怎么做。"他非常完美地演示了这个动作，但也就是在那一刻他失去了整个球队，因为其他球员认为这是对贝克汉姆的当众羞辱。在这之后，霍德尔有了"巧克力"的外号，因为球员们觉得他们的主教练霍德尔自认为自己"足够好吃"。

这就是所谓的自恋式领导者——一个有关领导力的文献中经常提到的话题——的陷阱。[10]我们的同事杰伊·康格(Jay Conger)认为：人们的"超凡魅力映像"使得他们变得自私自利，并且对自我能力和自己的重要性估计过高。[11]在我们上面所举的例子中，这几位领导者意识到了自己的与众不同之处，但是却歪曲了它们，最终使自己偏离了正确的位置。这往往还会给他们带来糟糕的结果。还有很多这样的例子：像20世纪70年代宝丽来公司的爱德文·兰德(Edwin Land)、苹果公司的史蒂夫·乔布斯(Steve Jobs)、斯堪的纳维亚航空公司的简·卡尔森(Jan Carlzon)，以及沃尔沃集团的佩尔·盖林汉姆(Pehr Gyllenhammer)等等。[12]所有的这些领导者都是因为试图塑造一种“绝对可靠”的感觉,而使公司身处险境。

团队中的领导

要想做一名成功的领导,你必须要合理地利用你的与众不同之处:不仅要服务自身的利益,更主要的是要考虑到整个团队的利益。成功的领导者会向他的团队传达出可靠的信息——“如果你偷懒,我会发觉”。员工们通常知道领导者自己本身也具有完成任务的能力,但是领导者一般不会亲自去做,而是让员工发挥自己的能力,完成团队的任务。这也是避免员工认为领导者是在“卖弄”的一种有效方法。

帆船冒险家皮特·戈斯(Pete Goss)就是一个例子。在一次单人帆船环球航行比赛中,他只身营救了一名被困在飓风里的参赛者。因为这次英勇的营救行动,他被授予了法国政府最高荣誉——“法国荣誉团勋章”。他还被接纳为英国皇家俱乐部的成员,并被授予“年度最佳帆船运动员”的称号。在皮特的名下,还有一连串其他的成就和荣誉,像著名的飞利浦团队就曾经为他的成就奖给了他一艘双体船。

从来没有人怀疑皮特是个大人物。他那狂热的激情、对成功的渴望和决心驱使他向着一个又一个新的目标迈进。每当皮特下定决心要做某事的时候,他都会竭尽全力地去做。看一下他的履历,他完全有理由为他所做过的每一件事而自豪。但是,他绝不是你所想象的那种有传奇色彩的人物。当你跟他面对面进行交流的时候，你会发现他是一个非常谦虚，并且稍微有点害羞、不喜欢出风头的那种人。他会告诉你他是多么不擅长在众多生人面前讲话，以及他从别人那里学到了多少东西等等；他还会以平实的语气告诉你他的一些感悟：人生的关键就是找到喜欢的事情，从事它，并且享受它。“这不是一个瓶子‘半空’还是‘半满’（指悲观与乐观。——编者注）的问题，问题的关键是，不管怎么样你都要面对它。”他还会提醒你“单人帆船竞赛”这个称呼是用词不当的，实际上并不是你一个人所取得的成就，你的成就是建立在众多人共同努力的基础之上的，他们对你的互补优势最终使你走向成功的彼岸。

最近几年来，戈斯这样的领导类型变得越来越流行起来，他们还有一个别称——“沉静领导”。[13]毫无疑问，皮特是在以一种低调、有节制的方式来发挥自己的领导才能。但从另一个侧面来说，他也是在以自己作为榜样，希望他周围的人也照着这么做。他生活中的信条是：谦虚的人也可以取得伟大的成就，只要他下定决心去做某件事。用皮特经常引用的一句话来说就是，我们每个人都可以取得伟大的成就，只要我们能唤醒“心中的巨人”。

从反馈信息和实践中学习

在开发自我意识方面，成功的领导者有一个清晰而简单的策略：他们试着做一些事情，然后获取对他们的反馈信息。许多年前，心理学家戴维·科尔布（David Kolb）对学习方法与人的发展进行了深入研究。他认为，学习是通过具体的经验、反省和观察、主动的试验以及概念抽象化得来的。[14]

通过我们的观察得出来的结论是：成功的领导主要是靠亲身的经验和主动的试验来学习的。他们更注重的是亲身经历的反省和观察，很少有人的领导才能是通过理论学习形成的。具有讽刺意味的是，一般的商学院大都是通过理论和抽象概念来教学的，而很少有观察和实例在里面。

雀巢公司的总裁彼得·布拉贝克认为："完全以理性的分析来解释领导力是不可能的，这里面有不可解释的部分。当然，我不否认，你可以通过理论学习改进你的领导方法，但毋庸置疑的是，领导才能必须是基于经验和情境的。在我年轻的时候，我曾经有过在军队里服役的经验。想想吧，那时我只有 17 岁，这是多么有趣的经历。这或许是你生命里第一次被当成一个微不足道的人物来对待。这时你如何反应将是非常关键的。我们中有些人曾经试图自杀，但他们不应该这么做。如何对待这些经历对你来说是非常重要的，你将从中深刻地认清自我。"

有些领导者试图把自己更多的经验应用到他们的日常工作和事业中去。戴维·加德纳(David Gardner)是世界著名电子游戏生产厂商艺电公司(Electronic Arts Inc.)欧洲区的前 CEO，他是从美国加利福尼亚总部派遣到欧洲来的。在我们同他的谈话中，他总是满怀激情地说要把艺电的电子竞技文化融入到与之格格不入的英国、法国、德国文化中去。在他的工作日程安排里，他强调对艺电公司在欧洲的每一个办事处定期巡视，听取尽可能多的意见，例如销售人员、办事处职员、游戏开发工程师以及顾客等等。在我们采访他的时候，他正准备休年假。在这一期间，他打算去日本，顺便还要去某商学院讲学——又到了他尝试新体验的时间了。

当然，尝试新事物（学习理论家称其为主动试验）通常意味着你要超越你惯常的处事方式，因而往往会伴随着某种不安逸的感觉。前面我们提到过的校长约翰·莱瑟姆是这样描述他在学校里的感觉的：有“一点兴奋”，还感觉像是在“冒风险”，不是那种“安逸”的感觉。而他所有的这些感觉正是来自于其尝试新事物的体验。还有，并不是他所有的改革都能被接受。当他提出要学生们经常自我检测的时候，学生们就认为他是“从外星来的”；他的同事也认为他的讲话只不过是一堆“哗众取宠的空话”而已。然而，这些冷遇并没有使约翰感到丝毫的沮丧，他继续以传教士般的热情从事着他的工作——不过，也正是这些“反馈信息”促使他对自己的工作风格、节奏以及处事方法进行了一定的调整，从而更好地发挥了其与众不同的领导力。

当戴维·加德纳第一次来到欧洲的时候，他非常担心员工们对他产生误解：员工可能会认为他待人不够真诚，也可能不认同他那美国式的处事风格，甚至还可能会认为他鼓励团队合作是在对他们进行“美国式洗脑”。于是，他开诚布公，针对员工们对他的领导风格提出的质疑作出适应性的改变，最终把自己融入到欧洲艺电的公司文化中。

当戴维宣布说自己将要度一年假期的时候，公司里一名极富创造力的员工就指责他“忘记”了他的同事们，他不过是公司机器（company machine）的一名代表而已。于是，戴维跟那位员工进行了一次开诚布公的对话，对该员工的质疑进行了解释。该员工为戴维的诚恳所折服，也很快忘记了公司人那种旧有的形象。

在上面我们所介绍的每个例子中，都存在着领导者的与众不同之处（戴维·加德纳对员工意见的关注，约翰·莱瑟姆对于授权的激情）与环境的融合过程，所有的这些都是领导者积极的个性与不同环境完美结合的结果。

社会真实性

领导者要想做到真实，必须要做好牺牲掉“随心所欲的安逸”的准备。但是，我们经过观察发现，领导者还具有另外一个非常显著的特征：那些成功的领导者总是存在着根深蒂固的个性。他们对自己的认识总是清晰而明确，同时他们也能够正视自己的出身。

例如，我们前面所介绍过的格雷格·戴克总是喜欢叙述他的父亲是如何跟每一个人平等地交谈的。每次讲述这件事情的时候，他总是自豪而骄傲，好像就是在解释他如何成长的过程。巴克莱银行的西蒙·格利福德（Simon Gulliford）经常会谈起他的祖父。他会风趣地说起他祖父那不可抗拒的魅力，即使是在七十多岁的时候。西蒙还解释说，他那强烈的自信心正是从祖父对他的信心那里得来的。

这些观察引导我们去探讨另一个问题：自我的塑造有其

生物学上的因素。要想深入地理解这个问题，最关键的部分就是先要理解一个人的出身对于自我塑造的重要性。当然，出身可以有多种理解。对一些人来说，家庭出身可能是最重要的因素；而对另外一些人来说，最重要的因素可能会是他的性别、种族、社会地位、宗教、所处的社会阶层等等。

不同文化背景下的人们对于出身的理解也大不相同。例如在美国，地域因素对于身份的确定具有非常关键的作用；而在欧洲国家里，社会阶层和地位所起的作用看似更加神秘和显著；在亚洲的许多国家里，家庭则是决定出身状况的最重要的因素。[15]

除去文化差异的方面，一些相关的证据还表明：我们需要从多角度看待领导的出身问题。每一个领导者都可以说是多个因素共同塑造而形成的。

里克·多比斯（我们在后面还会经常提到他）在索尼音乐(Sony Music)公司有一段非常成功的经历。里克是一名犹太人，出生于纽约西南部的布鲁克林工业区。他的出身对于他的成长有着极其深刻的影响。虽然他不是一名正统的犹太教徒，但在犹太人赎罪日的仪式上，他深受教义的启发："你能改变任何事情！拥有这样的想法并不是一件坏事，你拥有可以使人们的生活变得更好的力量——这是在现代背景下宗教教义的最新体现。"他曾向我们展示过一张旧相片，是他祖父母在布鲁克林区开的一家面包店的场景。

里克曾经主持过一次关于公司新蓝图的会议，当大家谈到要把公司总部从东欧迁至英国的计划时，他就尖锐地提醒我们他与东欧的渊源，以及迁移的人性化原因。正如赖特·米尔斯(C. Wright Mills)所指出的：在历史和生物学的交叉地带，总是会有一些特殊的事情发生。[16]

罗布·默里(Rob Murray)是澳大利亚最大的啤酒生产厂商——莱恩纳森啤酒公司(Lion Nathan Ltd.)——的CEO。在领导力方面，他拥有非凡的管理才能和很高的权威；在学术方面，他取得了伟大的成就，并被剑桥大学聘为兼职教授。他在职业上取得的成就使他蜚声海内外。即使取得了如此巨大的成就，他也始终没有忘记他的根：英国工人阶级的出身。他说话的方式还是像英国工人说话的那种方式，性格坦诚而直率。他一如既往地热爱着那支来自英国内陆工业小城的足球队——华素尔队(Walsall)。即使是在地球的另一端，他还是始终关注着球队的比赛结果；在时间充裕的情况下，他还会看上一两场华素尔队的比赛直播。像里克·多比斯一样，尽管在商业上取得了这么大的成功，但他始终没有忘记他的根，因而在人们心目中塑造了一位真实而可信的领导者形象。

然而，这样的方法并不是只对那些身处公司顶层的领导才适用。克莱尔(Claire)是芝加哥郊区的一所小银行的一位主管，她是从最开始的一般雇员逐级升上来的行政主管。在她办公室的墙壁上，到处都悬挂着她的家庭照片(包括在芝加哥城内以及周围地区所拍摄的各类照片)和她早期作为游泳比赛记录保持者时的照片。她就是用她生活中的这些片段来向员工们阐释她是谁以及她代表着什么的。

出身和自我

无论文化差异有多复杂，成功的领导者总能理清“他们来自哪里”和“他们是谁”之间的关系，这很让我们震惊。我们观察到的很多现象都可以作为这个观点的例证。联合利华公司的前副董事长尼尔·菲茨杰拉德（Niall FitzGerald）讲话时总是充满了爱尔兰人的睿智，并且深受他母亲的道德观和世界观的影响。安东尼·伯格曼（Anthony Bergmans）是尼尔在联合利华公司里的一名同事，尽管他已经做到了公司的联合董事长，但他仍然倔强地保持其荷兰农民的风格：他的穿着和走路的步态都展现出了这一点。这些因素对于他们今天的成就有着不可忽视的影响。

伊恩·鲍威尔（Ian Powell）是英国某著名商业恢复服务公司的领导。他来自英格兰中部的著名工业区——黑区（the Black Country），这使他讲话时带有独特的英国中西部口音——这种口音在英国大公司中是不容易听到的。他来自一个受人尊敬的工人阶级家庭，父亲是一个工人，并且最终成为了一名管理人员。伊恩全家都信奉卫理公会教，这对于他的道德观的形成有着深刻的影响。从伊恩所拥有的领导力角度来考虑这些复杂的因素，你会发现它们以一种很微妙的方式融合在了伊恩的身上：能消除人们戒心的口音，谦逊的处事风格，豁达开放的为人，对于像体育、摇滚乐等流行文化的喜爱等等。所有这些都为他自己所了解，并且如实地展示给了大家。

作为对比，我们再来看看克里斯托弗·布兰德(Christopher Bland)的例子。他现在是英国电信(BT)公司的董事长，也曾做过英国传媒巨头BBC广播公司的董事长。他出身于一个贵族家庭，是北爱尔兰保守党党员。当他同人谈话的时候，总是一副傲慢的样子，就好像他能掌控一切。这或许并不能使每个人都折服于他，但是至少表明了自己的出身——清晰响亮的嗓音带着明显的社会地位的标记，偶尔还插上几句拉丁语，这些都向大家准确地展示了一个真正的克里斯托弗·布兰德。要么接受，要么放弃；不管怎么样，你都要做到真实而可信。

还有一些其他的例子就更复杂了。帕蒂·卡扎图(Patti Cazzato)是零售业巨头Gap公司的一位高管。她来自堪萨斯州的一个农村家庭。在工作中，她经常需要同那些老于世故的在城市长大的设计师们打交道。帕蒂告诉我们，在她刚开始工作的时候，她对这样的状况感到有些紧张——她的感觉好像就是自己的衣服上有着“堪萨斯农村”的标记一样。在跟同事打交道的时候，她感到自己有些笨拙和放不开。对于帕蒂来说，她需要正视自己的出身，以寻回真正的自我，然后将这个真实的自我与新的环境融合以塑造自己的领导力。

正视自己的出身只是人们的自我意识与展示自我能力相融合的一个方面，只做到这一点还是远远不够的。随着人们的成长，他们还在经历着不停的流动过程：可能是社会阶层的转换，也可能是地域的流动；可能是组织内部的流动，也可能是在组织之间的流动；可能是升职，也可能是平调或降职等等。这些流动的经历往往会扰乱人们对自我的认识。

例如，在美国，极高的流动性已经产生了严重的社会问题，像人们普遍感觉到的无所寄托和孤僻冷漠正是该社会问题的表现。对于这个问题，我们从戴维·赖斯曼的经典著作《孤独的人群》中可以明显地感受到。[17]相反，我们所说的成功的领导者既能够正视自己的出身，也能够正确地对待出现在他们身上的流动性。他们将自己带入到新的环境中，与新环境相融合；当然，他们也需要适应新环境，但他们更多的是在新的环境里展现一个真实的自我，塑造自己的真实性。（我们将会在第五章更深入地讨论这个问题。）

几条建议

既然正视自己的出身和流动性可以帮助人们建立其真实性，那么对于有志于做一名成功领导者的人来说应该怎样做呢？下面是根据我们的访谈材料整理出来的一些卓有成效的建议，虽然它们并不一定对每个人都适用，但总会有一些启发意义。如果你不能找到真正的自我，就不会知悉哪些才能是可以为你所用的，你的领导力也将会大打折扣。

- **设法尝试新的体验和新的环境。**这一点的含义非常广泛，小到像尝试职责之外的事务；大到像将自己置身于一个全新的环境中去。我们曾采访过一个特别能吃苦耐劳的财务总监，他曾利用一个月的假期尝试去做药店店员。他跟我们说，这次经历使他受益匪浅：通过这次全新的体验，他得以重新审视自己的领导风格和方式，并与他自己基本的价值观相结合，经过一个“取其精华，弃其糟粕”的扬弃过程，使自己的领导才能最终得到了质的飞跃。这里面有一个关键点是：他财务总监的职务与药店店员的工作几乎没有什么联系，这是一个全新的环境。他把自己放置于他所领导的员工的地位上，更能深切地体会员工的感受，这对于他自身领导力的改进提供了巨大的帮助。

这里我们还可以得出一个推论：要想提高认识自我的能力，你必须放弃“想当然”的惯性思维，积极主动地进行新的体验和尝试。惯性思维会抑制你认知自我的能力。

➢ **获取真实的反馈信息。**成功的领导者总是努力去获得可靠的反馈信息资源。我们通过认真地收集工作场所里的反馈信息（包括全方位的反馈），已经取得了不错的成果。虽然指导教师可以在外面给你富有见地的指导，但最真实的反馈信息还是从你诚实的同事或是家人、朋友那里得来的——毕竟，他们才是最了解你的人。

➢ **探究自己的成长历程。**我们观察到，许多领导者都深切地知悉这么一个道理：环境对于自己的成长有着举足轻重的作用。一定程度上可以这样说，正是环境造就了我们的现在。探究这些东西，同那些跟你有着相似经历的人多交流一下，也是一个自我认知的过程。随着对自己成长经历的探究，你会更深入地了解自己。

- **正视自己的出身。**通过回到得克萨斯州的一番旅程，帕蒂·卡扎图更加深刻地认清了自我；西蒙·格利福德每年都要拿出一段时间来跟自己儿时的伙伴打几场高尔夫球。多花一些时间跟这些人交流，你可能会更加深刻地了解自己，因为他们了解你，并且没有组织机构里面层级等因素的隔膜。
- **家庭和办公室之外的“第三空间”。**美国作家雷·奥登伯格(Ray Oldenburg)在他的著作中提出了一个有力的论点：在家庭和办公室之外，我们还需要一个“第三空间”——从工作和家庭的琐事中解脱出来，找一处我们可以交流思想的地方，一处能够增进自我认知的空间。[18]美国喜剧《干杯》(*Cheers*)中所展现的那个小酒吧就诠释了这样的一个“第三空间”。

了解自我和展示自我，这是成为一名成功领导者的关键因素。明白了这一点后，我们将在第三章中介绍你应该怎样面对作为领导者将要遇到的风险。

第三章　个人风险

还记得我们前面提到过的约翰·莱瑟姆校长吗？他以低调和务实的姿态登上了校长的职位。上任伊始，他首先解决了员工所关心的一系列实际问题，他这种务实的处事作风很快赢得了员工们的信任。[1]

莱瑟姆付出的精力和热情很快就得到了回报：不久，他领导的学校被授予了"明星学校"的称号，成为当地公办学校的楷模和榜样。

正如一句谚语所云，"金无足赤，人无完人"。约翰·莱瑟姆也跟其他所有人一样，既有优点，也存在着某些缺点。比如说，他的精力有时过度旺盛，这给他在组织工作或控制时间上带来了不少不必要的麻烦。莱瑟姆的秘书为此没少吃苦头，因为她会经常失去与校长的联系。好在移动电话的发明帮了她大忙：秘书说服莱瑟姆配了一部手机，并且叮嘱他一直开机，她才终于能够随时联系上她的莱瑟姆校长，从而可以随时向他汇报重要的信息。不过，他的秘书的烦恼完全是一种对莱瑟姆的爱戴之情引申出来的。正是莱瑟姆自身具有的优点和缺点的结合才使他成为了一个真正的人，一个值得信赖的领导。

莱瑟姆看起来并不像是那种有超凡魅力的领导者：他身形瘦削，脸上还有一处胎记。但是当员工们一听到他开始讲话的时候，就完全忘记了这些。作为一名传教士的儿子，他天生才华出众，年少时又汲取了其父亲的讲话技巧，这使得他拥有了非凡的公众演说能力。他的热情促使每一个人都能最大限度地开发出他们自身的个人潜能，因为他深信：每一个人都是可塑之材。他身上所展现出的信心使每一个学生家长都深信不疑：他们的子女会在这所学校里健康茁壮地成长。

莱瑟姆的旺盛精力感染了他身边的员工，并且他还能够充分地利用自己的地位和“明星学校”的示范作用进一步激发员工的积极性和创造性。他聘用了许多有才华的老师，以提升学校的教学质量；通过增加资金购入电脑设备，努力把学校建成一所理论和实践相结合的学校。不少员工认为莱瑟姆的目标太高了，但最后的结果往往是他成功了：他给学校带来了声誉和成就。

不仅如此，他的员工都一致认同莱瑟姆的能力。而莱瑟姆在发现员工的个人才华方面也的确具有独到之处，他鼓励员工们为学校多作贡献；在遇到棘手事务的时候，他鼓励员工不气馁，维持奋发向上的精神。他知道什么时候员工需要激励。一个年轻教师曾向我们谈到过这样的细节：该年轻教师感觉第一天的讲课情况非常糟糕，因此感到很苦恼。但第二天他收到了来自莱瑟姆的一张便条，上面写着："我觉得你做得很了不起。"他注意到并且做到了适时地鼓励员工，时机掌握得恰到好处。

足够的关注

真正的领导者都非常关注他们的事业。莱瑟姆对学校事务的方方面面都极富热情——不管大事还是小事。空闲的时候，他经常会围着校园走上两圈，看到乱扔的垃圾就把它们捡到垃圾箱里。许多学生都取笑他的举动，你也可以指责莱瑟姆作为一个校长不应该去关注这么细小的事情，但是这件小事所表达的意思是很明显的：约翰·莱瑟姆非常关心他的学校，并能身体力行地去做好自己所宣扬的每一件事。

跟我们所观察到的其他真实的领导者一样，莱瑟姆从不会故意掩饰自己的弱点。相反，他会像展示自己的优点一样，勇于揭露自己的缺点。他时刻准备着让他的员工知悉自己性格上的缺点——承认自己并不是完美的。

莱瑟姆知道自己有些容易冲动。为了解决这个问题，他在每次作重大决定之前都要让自己先经过一个"24 小时的冷静期"，以思考自己那些似乎"无穷无尽"的新主意。他还明确地告知那些自己信任的员工，要在合适的时候帮助他缓和自己的"狂热激情"。基本上，莱瑟姆所采取的这些措施已经最大程度地减少了因自己的缺点给学校所带来的负面作用。

但最终,这种适应还是存在一定的限制。

在莱瑟姆今后的任期内,他是不是还会继续让那些所谓"重要的"拜访者等候而去跟小学生们聊天呢?会的。他有没有意识到有些学生在取笑他的行为呢?当然意识到了。他会作出改变吗?不太可能。约翰·莱瑟姆——正如其他的成功领导者一样——能够很清楚地了解他身上的哪个弱点"适合"他:这些弱点跟他的优点一起塑造了一个真实的莱瑟姆——没有这些弱点,他就不是莱瑟姆了。

揭示自己的弱点

作为一个领导者,在展示自我的过程中常常会伴随着一定的个人风险。设想一下,你没有经历一丁点儿的风险,一下子就变成了一名成功的领导者,这是多么不现实的事情啊!拥有这样的想法是很危险的。

正如莱瑟姆的案例所表明的那样,揭示自己的弱点是他在展示自己的真实性时的一个副产品。因为他们真正关注的是组织的目标,所以他们不介意揭示自己:揭示他们所真正关注的,揭示他们关注的原因,以及他们完成组织既定目标的信心。我们猜想领导者最初本无意揭示自己的弱点,它们是在展示自我优点的过程中不经意地暴露出来的。但是,当领导者们意识到这些弱点所带来的影响时,自我认知意识便已经成长起来了——他们会主动地去调整自己的行为,即使是很小的调整。

这方面的另外一个例子是安妮塔·罗迪克(Anita Roddick)——英国著名化妆品公司美体小铺(The Body Shop)的创始人。她反对动物实验,关心环境;捍卫人权,关心第三世界人民的疾苦;支持社会的公平交易。她向顾客提供的产品中很多都是采用传统配方制作而成的。她那些意义深远的承诺使她显得有些固执、暴躁和好斗。但她的这些性格增强了员工们的信念,而这些开始看起来像是潜在弱点的方面最终转变成了她自身的优点。

关于领导力和个人风险之间存在必然联系的原因是非常复杂的。这首先是对领导目标的理解:领导者们希望自己能够赋予员工工作的热情。一定程度上,这就是他们领导的目标。每一个成功的领导者都非常关注这个目标,非常关注如何揭示一个真实的自我。

在这里,"关注"是一个意义深远的词汇。它本身的意思很普通,但有时候真正的"关注"却需要经过艰苦的体验。这是我们曾经做过的最困难的事,当我们展示出自己所关注的事物,我们立刻会变得脆弱而易受攻击。正是这个弱点使得领导者们必须承受一定的个人风险。这意味着,领导者必须时刻准备利用自己的热情激发其他人的表现,挑战组织机构中的死板教条。但是,最终的结果是不确定的。

我们把这类关注称为"冷酷的同情心"。这意味着领导者不会在做事的过程中迷失自己。他们给员工"他们需要的"而不是"他们想要的",他们从不会忘记自己的任务、目标以及员工。[2]

"冷酷的同情心"似乎远远超出了团队的关注范畴,许多经理人从他的人际关系培训规划中发现了“冷酷”的真谛：它是个体所关注的结果、手边的任务，以及团队共有的崇高目标。领导者不仅仅是在扮演一个简单的角色：他还需践行自己的工作职责。

让我们再来考察这样一个例子。阿兰·利维（Alain Levy）是宝丽金唱片（PolyGram Music）公司的前 CEO，现在是著名的百代唱片（EMI Music）公司的 CEO。他最初加盟宝丽金时担任的是法国分公司的总经理，那时他显得有些沉默，但思维活跃。他的长处在于数字方面，总能够从纷繁的数字中找到事物的本质。他的下属如果没有准备好相关数字方面内容的话，很可能会受到利维的诘责。尽管利维在人数少的小团队里游刃有余，但他却不太擅长在众人面前讲话。他讲话迟钝而直率，但和蔼可亲。他不赞同组织中太过呆板、苛刻的规章制度。

曾经有一次，他负责主持一批年轻的音乐制片人从一张唱片集里选择首个单曲进行发布的会议。这在音乐制片业中是一个非常关键的任务，因为它往往决定着整个项目的成败。这通常也是一个非常吵闹的工作，每次讨论往往都要演变成激烈的争论。这次会议也不例外。刚开始不久，利维的声音有力地刺穿了喧闹声：“你们这群白痴！你们知道自己在谈些什么吗？我们总是在兜圈子。”不到 24 小时，他的这句话就传遍了整个公司。这可能是对利维最好的内部宣传了：大家都说他是一个严肃而实际的领导。人们还说：“利维是知道怎么选择单曲的。”他向大家展示了其对经营的良好感觉，以及通过暴露自己的强烈感情向大家展示其对事业的关注。

阿兰·利维的同事们都看到了他在百代公司的地位以及他所取得的成就，因此也就接受了他个性上的所谓“弱点”。一定程度上，我们甚至可以说员工们正是为利维这种专制的领导风格所吸引。正如约翰·莱瑟姆一样，阿兰·利维也是一个非常敏感的领导者：他能够意识到自己的直率和情绪化的领导风格对员工们的影响。但是他知道：通过向员工们展示真实的自己，能够获得有利的评价。

热情

理查德·赛克斯（Richard Sykes）是另一个例子。他现在是伦敦大学皇家学院的院长，过去曾是葛兰素威康制药〔Glaxo Wellcome，后来与史克必成（SmithKline Beecham）合并成葛兰素史克公司〕公司的一名科研人员。在那里他做得非常成功，几年后就做到了该公司的董事长。赛克斯因充满激情和精力旺盛而广为人知，而他的性急如火、脾气暴躁也同样出名。当他在葛兰素威康制药公司的研发部门担任领导的时候，他主持公司里的高级科研专家们作年终总结。在会议要结束的时候，一名研究人员就公司新研制的一种药物提出质疑，两人为此发生了激烈的争吵。两人一问一答，大概持续了 20 分钟左右，之后又回到了最初的问题上。那位研究人员说：“赛克斯先生，你还是没有搞懂这种新药的结构。”此时，赛克斯的火爆脾气上来了，他在公司全体制药专家的前面大声吼着说："好的，老伙计，那就让我来看看你的笔记吧！"于是，两人终于找出了问题的分歧所在。

一般情况下，在公众面前发脾气是不合适的。但是在这里，他的火气倒是显示了自己对于这个科学问题的强烈关注——这既体现了公司的核心价值观，也体现了他个人的价值观。赛克斯是如此关注这个问题，以致他已作好了发火的准备。一个偶然的机会，赛克斯的一个下属向我们述说了如下这件事，从侧面证实了这一点。一次，赛克斯向公司的科研人员展示一串基因链。他指出了基因链上的一个区域，认为该区域就是某个严重疾病的根源。于是，他便立即宣称自己找到了治疗的方法。屋子里的人被搞得哭笑不得。正是基于他的脾气，公司的员工从来没有对他为公司所设置的目标承诺怀疑过。

为什么领导力还意味着风险？

我们的哪些弱点容易受到攻击呢？我们又该如何巧妙地展示它们？对于这个问题，我们在今后将会进行详细的讨论，但是现在让我们首先讨论一下这个问题的成因：领导者是出于什么样的动机才去冒这样的个人风险呢？

许多年前，利用最早由詹姆斯·麦格雷戈·伯恩斯(James McGregor Burns)提出的交易和交换之间的差别问题，阿利斯泰尔·曼特(Alistair Mant)对比了两种思维模式：二元思维和三元思维。首先，个体在追逐自身生存的利益驱动下试图控制、支配或者诱惑其他人。其次，人际控制力量一定程度上体现在第三隅——思想、理想以及人生意义等等。“他们不仅会本能地问‘我会成功吗?’,还会进一步地思考‘我这样做的目的是什么’。”曼特解释说,“这种人往往能成为一名好的领导者,因为他们没有为生计所迫,从而可以追求‘第三隅’的目标,即使要冒一定的个人风险。‘第三隅’的目标是指除了生计之外的更高层次的目标,像思想、理想、人生意义等。通过追求这样的目标,他们达到了自我实现的成功快感。这也意味着,他们具有了在同一时间进行不同层次的思考的能力。”[3]

曼特的观察从侧面证实了我们的猜测:成功的领导者总是以一种不屈不挠的执著精神追求自己的理想——他们敢于冒一定的个人风险的原因也正基于此。正如前面我们介绍过的帆船冒险家皮特·戈斯所说的,“人生的意义就是要努力实现自己的理想。帆船不会自动载你环行世界,是你要驾驶着帆船环行世界”。

从某种意义上说,这样做的结果产生了一个新奇的悖论。通过展示自己真实的关注,领导者们不可避免地要揭示他们真实的自我。其他人看到的不仅是他们在践行领导者的职责或是义务,而且还会看到他们工作之外的方面。这种展示真实、一贯可信的自我的过程是领导力的必要前提。然而,在展示自我的同时,领导者必须保持对自己的清醒认识:他们这样的举动会对其他人造成什么样的影响?这样高的目标是不是太超前了?正如前文所指出的,这需要客观的分析——一种把握人与人之间距离的能力。

约翰·莱瑟姆、阿兰·利维、理查德·赛克斯、皮特·戈斯等这些领导者中没有一个人忘记了他们的人生意义。他们知道哪些是他们必需的，哪些是他们想要的，并且能够正确地追逐合理的目标。他们的这种执著精神赢得了大家的尊重，当完成了手中的任务后，他们会向着更高的目标迈进。

当然，这同时也是一个非常难以协调的问题。有时，作为一个领导者经常要付出巨大的个人成本，这是那些无志于做领导的人所不能想象到的。“有些人认为当领导是一件毫不费力的事情，实际情况并不是这样的。”卡尔文·克莱恩化妆品公司的执行总裁保利娜·曼库索(Paulanne Mancuso)曾经这样说过：“作为一名领导者，你必须要去做一些你自己本身不愿意做的事情，这是很困难的。”雀巢公司的彼得·布拉贝克也曾对我们说过：“在处理人与人之间的关系上，你必须要诚实。你不能去想某个人对你的一生会有多重要，总有一些更重要的事情等着你去做。这不是你想不想的问题，而是情势使然。”

尊敬

很多领导者把自己置身于险境，勇于创新和挑战；正基于此，他们也赢得了广泛的尊敬。保罗·麦克德莫特(Paul McDermott)就是这样的一个例子。他是美国中部一个小城的市长。20 世纪 80 年代，这个小城见证了野蛮的凶杀和漫长的骚乱，因而声名狼藉。如今，在付出了巨大而持久的努力之后，这个小城的境况发生了空前的转变，因而也吸引了世界各地的代表团来此参观访问。保罗，这位坚韧且富有口才的爱尔兰裔美国人，对该城市的巨变起到了关键的作用。为了对该城市的整体环境施加一定的影响，保罗凭借自己的职位，围绕自己建立了一支卓有成效的强势领导团队。为了完成这项任务，他待人接物总是保持一贯的正直和诚实。他坚信：一个人如果不够正直和诚实，就不可能赢得别人的尊敬。尊敬是他最喜欢的一个词，他是通过把自己置身于险境才赢得的——通过始终不渝地致力于改善市民生活和整顿社区。他还坚持认为，赢得尊敬并不是一次性的，它需要你不断地付出努力去维护。

保罗赢得大家尊敬的事例举不胜举。早期，他为了整顿治安，决定对郊区的建筑进行拆迁，这是一个可能引起当地民众不满的决定。果不其然，当命令下达的时候，民众的反应很不友善，更有甚者，一些群众当面对他进行人身威胁。即便如此，他和他的团队始终没有退却，“我们必须要向每一个人展示我们这样做的善意”。他对于该问题是如此地关注，以致忽视了我们让他撤离的建议，倔强地继续工作。他说，为他所关注的人工作，或是为尊敬他的人工作，是最令他兴奋的事。这样的工作可能会很艰难，但是他不会退却。

另一个例子是我们前面提到过的格雷格·戴克。当他接管 BBC 广播公司的时候，他的商业竞争对手比他们花费了更多的资金。戴克很清楚，要想在这个残酷竞争的数字世界中生存下去，BBC 公司必须要在节目制作上加大资金的投入。于是他直接向公司的员工公开传达了这个信息，大宗购入设备，并且改组组织机构。尽管有些员工在这个过程中失去了他们的工作，他还是能够得到大家的信任。“当你得到员工的心，他们死心塌地跟随着你的时候，”他说，“你就能够作出那些必须要作的艰难决定了。”[4]

戴克的举措成功地改善了公司的形象，激励了员工的士气，并且给BBC新添了许多富有创意、收视率高的电视节目。然而，即便如此，他仍旧树立了许多敌人，其中有些还是非常强大的。他们躲在幕后，等着戴克犯错误。当戴克犯了错误，并因此而暴露了他的弱点时，他们会凶猛地扑向戴克。最终，戴克失去了他的工作。做真实可信的领导者是一个险象环生的游戏，没有人会例外。

展示自我的艺术

有些人可能会认为：我们所介绍的这些成功的领导者具有足够的能力承担展示自我所带来的后果。格雷格·戴克是一个足够富裕的人，他能够负担得起展示自我的代价。而事实是，这些领导者中的大多数都是经历了艰辛的职业历程才发展到今天的地位，他们并没有为今天储蓄多少财富。让我们思考这样一个问题：一个人在前期一直隐匿真正的自我，当到了某个时间点上却突然开始展示自我……这种情况可能存在吗？看起来是不可能的。当人们前期一直在隐匿真正的自我，到后来的工作职位需要展示自我的时候，他们的自我认知能力和自我展示能力早已统统失去了。

许多人的自我防卫意识阻止了他们去冒进一步的风险。

让我们来解释这种观点。心理学者确信，不管我们中的每一个人在日复一日的生活中扮演着多么不同的角色(父亲、母亲、儿子、女儿、丈夫、经理、网球俱乐部成员、社区委员会主席等等)，都有一种潜在的自我概念使这些角色统一起来。[5]这就是关于“我们是谁”的概念。

有些自我可以公开地展示出来。我们可以设想某个人介绍自己“体格健壮”和“富有创造性”的情况。有时候，这是一种真实的自我展示，他公开地展示给大家，在日复一日的生活中，各种各样的自我之间形成了一种互不冲突的共识。

但多数情况下，自我并没有写在你的脸上——有些只有你亲密的朋友或是家人才了解；甚至有些他们也不了解，只有自己才知道。此时，你需要主动地把真正的自我展示出来。另外，由于人们的自我概念是有价值的，所以它往往被保护起来。那些试图接近自我或是攻击自我的人往往会遇到一系列各种各样的防卫意识。举例来说，你指责某些人开会迟到，无组织纪律，这可能会遇到三种反应：有人会生气地拒绝，有些人迅速地承认，而另外有些人可能对它一笑了之。不仅仅是第一种，其他两种反应都可以被解释为是一种防卫性的，它们自然地抵制了你的信息。你可能已经注意到，这样的“错误”反应会持续一段时间。事实是，你所传达的信息碰触到人们的防卫意识，然后反弹了回来——它们不会被真正地接受。

几乎所有人都在不同的程度上表现出一定的防卫性。我们在揭示自我的过程中，总是设置一定的限度：或是通过不完全的反馈信息，或是不自觉地通过其他方式“防卫性地”揭示自我。当然，领导者本身同样具有一定的防卫意识。在这里，我们不是在争论谁有没有防卫意识，而是在讨论揭示自我的程度差异：有些人揭示自我的程度深一些，有些人则浅一些。确切地说，成功的领导者们充分地展示了自我，其展示的某些品质是非常吸引人且令人激动的。换句话说，他们是利用了一定的技巧充分地展示了自我。然而，很多人却并没有做到充分地展示自我，主要基于以下几方面的原因：

首先，在一些组织的高层领导位置上，性格内向的人占据了过大的比例。[6]如果你对别人没有太大关注的兴趣(正如性格内向的人所表现的那样)，那么你将会有更少的机会、更少的精力向别人展示自我。不幸的是，很多领导力和管理学方面的著作似乎忽视了这一点。这些书往往假定我们都是性格外向的人，并以此为基础进行论述。走动式管理(英文缩写为 MBWA，全称是 management by wandering about，它有时也被叫做漫步管理。MBWA 通常包括下列几点：1. 管理人员通常花时间在他们的部门走动，而且能够参与即时的讨论；2. 在组织内部建立熟人联络制度；3. 咖啡时间或者午餐时间会出现很多聊天的机会，在公司走廊里也是如此；4. 管理人员离开他们的办公桌，开始和员工交谈。——译者注)可能对性格外向的人是很适用的，但对于性格内向的人来说就不适用了，对他们来说这甚至是极富挑战性的管理方式。一位高层管理人员曾经对我们说过这样一件事，他对公司的全体员工作了一份全方位的调查问卷，结果使他大吃一惊，因为结果显示公司的同事似乎对他并不了解。这说明他所进行的自我展示是不够充分的，他是什么样的人以及他代表着什么都没有让员工搞清楚。

其次，随着知识经济时代的到来，越来越多的知识型和技术型专家成为组织中不可或缺的人才。有时，组织也需要他们担当领导职务，而他们中的大多数在担当领导者所需的人际关系等能力方面并不是很强。确实，在知识密集型的企业中，领导者领导能力的缺乏显得尤为突出。这是为什么呢？我们认为这主要还是因为这类企业里的领导者所关注的既非与同事的人际关系，也不是领导者所应该关注的共同任务，而是更多地关注他们所擅长的技术领域。

举例来说，啤酒制造企业里总有人对于如何产生稳定的泡沫这个问题进行深入研究；食品制造业中一定离不开研究脂肪酸的专家；制药企业里则有很多人将毕生的精力放在对呕吐中心（vomit center）的研究上；而在投资银行领域，必定会有很多的筹资专家。他们中间很少有人愿意离开自己所擅长的技术领域，而去处理凌乱的领导事务。这是为什么呢？因为他们中的很多人已经围绕自己所专长的领域建立了自己的事业，他们很喜欢这类工作，并为自己所作出的成就感到光荣。在这样的情况下，他们更希望自己是因技术专长而闻名，而并不希望是因自己的个性差异或是特质而闻名。在他们的世界里，那些最为内行的人就是赢家。因此，很多人认为，如果你是某方面的专家，你就不需要被领导。

最后，还有一类人需要我们关注，那就是中层管理人员和组织中的熟练工人。在过去的20年里，由于组织的广泛变革，他们备受排挤。机构扁平化、裁员、流程再造等新情况的出现使他们面临着走投无路的困境。随着组织结构的重组，这些人不得不工作更长的时间。他们的工作表现被更加准确地监控和度量，而且很多人被辞退了。[7]

这种关于心理契约的重新协商所产生的并不是授权，而更多的是玩世不恭、背叛和猜疑。在这样的风气下，人们不太可能完全展示自我，或是甘冒个人风险以求有效的领导力。并且，从个人生存的角度来考虑，人们可能会通过减少他们的劳动时间或是预留更多的自主时间来关心自己。在不断增加的工作压力下，这些不情愿的管理者更愿意把自己的时间留给家庭、休闲或是个人的追求。[8]他们很少有人愿意去追求领导者的职位。

在这里，我们处心积虑地描绘了一幅凄凉的画卷。但是，我们还应该知道，并不是所有的组织都是由内向的高层主管、专业技术人员、中层管理者或是愤世嫉俗的熟练工人来支配和控制的。许多组织机构都有良好的人员管理机制，它们努力培养员工，开发他们的领导能力。这样的案例有时会被引用在商业期刊上。要不是这些著名的案例，我们可能会怀疑是否还会有很多的人追随我们的座右铭：勇敢地揭示自己的弱点！

这种要冒一定风险的可能性并不仅仅局限在那些组织的高层领导者身上。在很多领域的众多组织机构中，都存在着这样的领导者。当我们为写作本书作调研的时候，我们采访了很多人，例如护士、教师、基层行政人员等等。他们中的很多人都是很有技巧地揭示出自己的弱点，并且使这些弱点为他们自己所用。

领导者的理想

那么我们可以采取什么样的措施呢？答案首先取决于你自己。除非你很清楚你的理想和价值观，或是真正了解和关注自己所从事的事业，否则你就不可能成为一名成功的领导者。你也不可能任意控制和支配自己的意志和适应力，以使自己在不确定性和挫折中顺利前行。并且，我们也不太可能通过传统的课程培育某人的目标和个人价值观等，尽管我们相信，通过训练、指导以及信心树立等方法，人们可以更加清楚地认清他们自己以及他们真正想要的东西。然而，我们还是倔强地相信：有意义的工作对于个人的健康和社会的凝聚力有着广为深远的意义。

正如斯塔兹·特克尔（Studs Terkel）在他的《工作》（*Working*）一书中所说的，“工作既是为了维持人们的生计，又是为了实现人生的意义；既是为了赚得工资薪金，又是为了得到赞誉和认同。简而言之，它是人们生活的一种方式，而不是一种渐渐死去的方式……我们有权利要求和期望我们的日常工作中包含着人生的意义、认同、奇迹等等。”[9]

从这种人生理想的角度来考虑，充分地揭示个体弱点是不是就可以使你成为一个好的领导者呢？并不是这样的，但这是一个很重要的基础。我们前面曾经介绍过，领导力是一门关于关系的学问，下一个步骤就需要你充分地考量这个方面：充分地展示自己，并且要有一定的技巧。

那么，这在实践中又意味着什么呢？首先，这绝不意味着领导者必须要揭示他所有的弱点。这在实践中完全不切实际，因为我们不可能知道我们所有的弱点，并且这也毫无必要。毕竟，如果你对另一个人身上的每一个弱点都很了解的话，这可能不仅不会提高这个人的可信性，甚至还会起到相反的效果。结果，他们的弱点会掩盖长处。[10]

正如我们前面曾介绍过的个人与众不同之处一样，成功的领导者所揭示的弱点也必须是真实且能够被感受到的。还有一点一定要注意，你的这些弱点一定不要是致命的缺陷，这些弱点应该是合乎人性的。下面，让我们依次解释它的各种属性。

首先，真实的领导者绝不会去生硬地“创造”不真实的弱点，以转移人们对其真实弱点的注意力。如果你这样做的话，会迅速引起其他人的注意。那些曾经主持过面试的人可能都会碰上这样的经历：当求职者被要求陈述他们自身的某些缺点时，有些人可能会这样道貌岸然地答复：“我的志向有点太大了”或是“我总是对别人有太高的期望”。这时，你将会马上意识到他们是在故弄玄虚：他们企图把他们的优点说成所谓的“弱点”，转移你的注意力。

不要企图掩饰自己的弱点，因为这将会使你陷入更加被动的境地。可以设想一下我们对于那些企图掩饰其前后矛盾的行为（或是谎言）的人是如何反应的。

因此，要想使你的这些“弱点”发挥作用，它们首先必须是真实的。但是，如果这个真实的弱点对组织目标和任务的实现构成了妨碍，那么它就是一个致命的缺陷。如果一个会计部门的新领导宣称自己不懂时间价值的话，他将不可能取得大家的信任。如果某人宣称自己没有航海方面的天分的话，皮特·戈斯也不会吸收他到航海团队中来。这也是我们为什么要必须关注“情境”的原因，有时候我们所展示出的自我可能并不适合当时的情境。

哪些弱点可以展示出来？以及展示的具体时机是什么？这是一门复杂的艺术，它还与人们感知不同环境的能力密切相关，有关这一点我们将在下章详细讨论。例如历任纽卡斯尔联队、巴塞罗那队以及英格兰国家足球队主教练的博比·罗布森爵士常常会混淆或是完全忘记球员的名字。很少有人能在这样的情况下还能在领导者的职位上走太远，因为对于一个领导者来说，忘记员工的姓名是一个致命的缺陷。但罗布森却巧妙地把他的这个弱点解决了。球员们宽恕了他的这个弱点，把他当成是一个行为古怪的老教授；罗布森也充分利用了他健忘的这个“弱点”使球员更衣室内的气氛更加和谐。

弱点会使你更加真实而可信，而不仅仅是一个角色的拥有者。例如，我们可以想一下人们为什么会对肯尼迪总统、拳王穆罕默德·阿里以及戴安娜王妃的爱戴持久不变。因为他们清晰地向公众展示了完整的自我，包括他们的弱点。这使得他们在我们心中的形象不只是一个政客、一个运动员和一位皇室成员。

以肯尼迪总统为例。如果让任意一群人说出他的弱点，他们几乎给出了完全相同的答案：追求女色。有些人会对此表示艳羡，有些人会从道德上对其进行谴责。而事实上，他在追求女色这方面的确表现得相当轻率。而通过向公众展示这个弱点，肯尼迪总统成功地转移了公众对他本身可能具有的其他弱点的注意。

展示自己的弱点还可以告诉别人哪些方面是别人可以帮助你的。在实践中，它可以帮助团队树立起团结一致的关系。如果某个领导者向助手传递了“我在组织方面有所欠缺”的信号，那么助手在日常事务的安排方面就要多加留心。“我不具备技术方面的知识”则向他的同事传递了他们的专业技术对于整个团队的作用是举足轻重的。

罗氏制药公司的总裁比尔·伯恩斯承认：当需要迅速地作出一个决定的时候，他通常会推迟一段时间。“有时候，我有点过于关注细节了。有人说我的个性太软弱，有些优柔寡断，没有作决定的魄力。”但是伯恩斯却通常利用他拖延的这个“弱点”来培养员工的进取心和独立自主的精神：“我试着让别人作决策”。

无独有偶，我们认识一位纽约杂志社的总编辑，他很坦白地承认自己是红绿色盲，因此他把所有关于颜色搭配的决定都留给了杂志社的美工人员。这些美工人员都被赋予了充分的权力；他们会为一些细微的差别而进行激烈的争论，以尽可能地作出最好的决策。

在展示自己的弱点方面还有一个感觉方面的因素。领导者往往会觉得:与其让别人指出自己的弱点,还不如爽快地承认了感觉好些,因为他们觉得被别人指出来会让自己更加被动。(这也可以防止他的同事们捏造他更多、更致命的潜在弱点!)并且员工们也会感觉更好,因为他们可以公开而正当地去议论领导者的某些缺点,而不是私下里抱怨或是恶意中伤。可以说,领导者的弱点成为了组织员工的"哭墙"。(犹太人的哭墙,又称"西墙",位于耶路撒冷,由大石砌成,长48.768米,原是古犹太人所建圣殿的遗迹。相传在罗马人占领耶路撒冷之后的千百年中,常有各地犹太人来此号哭,以寄托其故国之思,故将此墙取名为哭墙。今每逢犹太教安息日时,尚有人到哭墙去表示哀悼。现常用作安慰物的代名词。——译者注)

上面的讨论使我们很容易便能够看出揭示自身弱点的好处。人们通常也能迅速地掌握这种技巧来提升领导力。但是我们也发现有些组织文化是与之相违背的,并且管理改良的过程好像更多地是在关注如何追求完美以及开发个体优势,而不是领导的技巧。

很明显,像体育、艺术、科学等方面的精英确实需要向完美不断地靠近,但是这个原则在领导学方面却并不适用。证明你是更好的(甚至是最好的)在个体之间竞争的情形下是合适的,但在追求合作的情形下就不合适了。一些顶尖的商学院在培养咨询师、顾问、战略家的分析能力方面是卓有成效的,但是它们在开发学生的领导力方面似乎存在欠缺之处。

告诫和困境

请读者注意，我们绝不是说领导者的领导能力是围绕其弱点形成的。那样的命题简直太幼稚了。很明显，你的弱点最好是在展示了自己的强项之后再揭示出来。弱点也绝不会在紧要关头起到作用，因此它应该被保守地展示。例如，BBC广播公司的总裁格雷格·戴克的火爆脾气有时候会发作，但他总是会在之后为他的火爆脾气向那位“不幸的”员工道歉。然而，如果某个弱点暴露得太频繁的话，它将变成某人的一个固定特征，就不可容忍了。戴克在利用他的火爆脾气这个“弱点”时也是有选择性的，以求达到最好的效果。

我们也不是在主张领导者的弱点不可以且不应该被解决、减少或克服。如果被克服的话，对领导者本身也将是一件非常值得骄傲的事情。

我们是说，自身弱点的展示与个人风险将会不可避免地共存在一起。成功的领导者应该知道怎样展示自己弱点的效果最好，并且也应该知道别人也会谈论他们的弱点。例如，当我们采访约翰·莱瑟姆的同事对莱瑟姆的看法时，他们竟然在话筒和摄影机前面很率直地谈论起莱瑟姆的缺点。这使我们感到很惊讶——这绝不是什么恶意，而是一种率直。他们知道莱瑟姆是不会介意的。

事实上，在多数情况下，弱点应该注重于展示，而不是说出来。一次难忘的可宽恕的弱点展示可以成为该领导者传奇的一部分，是可以被他的员工们广为传颂的事情。

格雷格·戴克为他在 BBC 广播公司的领导团队创造了一项像圣诞午餐那样的活动。他把 BBC 广播公司的 80 多名领导集合起来共进午餐，然后让他们说出组织机构中的潜在问题。午餐是在一个剧院里举行的，并且有精彩的魔术表演。格雷格·戴克本人在活动的最后亲自为大家表演了一个自学的小魔术。他的手指并不灵巧，因此他的表演远谈不上精彩，倒显得有些笨拙，引起了与会者一阵阵的哄堂大笑。不过戴克的这个表演给员工留下了深刻的印象，它被员工们亲切地留在了记忆里。

是不是格雷格·戴克在故意展示自己的弱点呢？（在这个案例中，他的弱点是不够灵巧。）当然不是。但是，我们可以猜想格雷格自己应该明白：把自己更完整地表现出来可以消除自己高高在上的形象，使他成为一个更好的领导者。当然，他也知道那个时刻他所担当的角色：要为大家创造一种放松、欢乐的气氛。在令人惊奇的环境中亲身尝试表演小魔术，展示了自己的弱点（在这个案例中，他的弱点是有趣、细微且可被容忍的），增进了员工对他的认同感，并且加深了员工跟他的感情。

在本章的开始部分，我们曾经主张：那些想成为成功领导者的人将会不可避免地把自己的强项和弱点都展示出来。就在我们将要结束本书的写作时，英格兰的一位著名的足球教练布赖恩·克拉夫（Brian Clough）去世了。他曾经执教过两支水平处于中下游的球队——德比郡队和诺丁汉森林队——并且把他们都带上了英超冠军的领奖台，这是一项了不起的成就。更为了不起的是，在有限的转会资金限制下，他率领着诺丁汉森林队中的现役球员连续两次捧起了高手如云的欧洲冠军杯的冠军奖杯。

很明显，克拉夫是一位符合我们定义的成功领导者。诺丁汉森林队中那些才能一般的球员能够在比赛中有上乘的表现，全是克拉夫一手调教之故。他是如何做到的呢？他的讣告充满着对他的溢美之词，这主要集中在他的“球员管理”才能上——他被描述为“独一无二”“非凡”“颇有见地”以及“魅力超凡”等。

克拉夫的这些品质是如何影响球员的呢？他曾经带领过的一个弟子约翰·罗伯逊(John Robertson)对我们说：“我从当初的一个体重超重并且十分懒散的球员转变为今天这个样子，全赖我的恩师克拉夫之力。他从不会忽视每一个细节，他给我的每一个建议都切中要害。这使我对他非常敬重……在他领导我的三四年里，每时每刻我都非常期望星期六比赛的到来，我要在球场上好好表现以报答他的恩情。”[11]

克拉夫还有另一个弟子叫马丁·奥尼尔(Martin O'neill)。在克拉夫的自传中，他被描述成“一个非常优秀的球员，就是屁股经常疼”。他是这样看待他的恩师克拉夫的：“克拉夫完全以自我为中心，有时候简直有些霸道，经常有不可思议的举动，但是我绝对不会错失每一刻在他手下踢球的机会，因为作为一个教练来说，他简直有些神奇。”[12]

新闻工作者迈克尔·帕金森(Michael Parkinson)在他的

书中这样描写克拉夫："他非常喜欢说这样一句话，'我是有一个大脑袋，但绝不是船头的破浪神'。实际上，他两者都是：他既让人敬爱，有时又有些不可思议；既英明神武，有时又显得天真；既有超凡的魅力，有时又会声色俱厉，叫人胆战心惊。他是一个可以驾驭惊涛骇浪的弄潮儿。"[13]

布赖恩·克拉夫非常在乎胜利的结果，并且是以正确的方式获取胜利——他反复训练球队的整体技术，给球队带来了技术型的现代足球意识；如果球员在比赛中跟裁判员争吵，会受到他的惩罚。他非常关注球队的纪律——从球员的衣着到外表都制定了极高的标准。他还关注教育——坚持年轻球员一定要完成他们的大学学业。他追求社会正义——在 20 世纪 80 年代的矿工大罢工过程中，他打开十字转门，让罢工者免费通过。

他这么强的个性有没有展示出他的强项和弱点呢？是的。他简直是一个"集合"：球员们对他既畏惧又敬爱。正如许多人所评价的，他有时会像是军队里的长官，有时又会像是一位年长的兄长。或者更准确地说，他本身就是二者的结合。而且他完全展示了其坚韧的执著精神。

是不是克拉夫有意地用他自身的这些强项和弱点来表现自己呢？是的。当他荣获大英帝国勋章(OBE)时，他宣称这个奖项一定是代表"老大头(Old Big' Ead)"。当被授予诺丁汉城特权时，他说出了自己对那条穿城而过的特伦特河的热爱："我知道这条河秀丽而优美，悦目而怡情，因为我已经在它上面走了 18 年了。"当他被问及他是不是世界上最好的教练时，他回答说："不，但我知道我是其中之一。"[14]

布赖恩·克拉夫把他整个自我展露无遗，包括各种弱点和瑕疵。在这个过程中，他也冒了一定的风险，同时付出了相应的代价。他坦率直言的性格使他最终没有坐上他渴望已久的英格兰国家队主教练的位子。他的酗酒最终压垮了他：在他职业生涯的后半段，酗酒使他饱受挫折。但是他作为一名伟大而成功的领导者的声誉却一直完好无损。

那些精明的领导者确实可以使弱点也为他们所用，让员工觉得他们不是高高在上的角色拥有者。但是他们在展示自己弱点的时候一定要注意技巧，尤为关键的是，要考虑当时的情境因素。在下一章，我们将向读者介绍领导者可以采取哪些方式认识环境，以及如何了解他们的行动所受到的限制。我们也将对成功的领导者如何认识和改变环境进行研究。这需要你明确哪些可以改变，以及哪些不可以改变。

第四章 认识并改变环境

领导力是一门关于关系的学问——在任何情况下都是。这侵蚀了所谓的“领导特征”理论的基础。其实，所有成功的领导者都知道世界上根本不存在什么普遍的准则，也没有可以确保你成功的方法。相反，他们通过锻炼自己认识环境和改变环境的能力，从侧面尽量提高自己的领导能力。[1]

在接下来的两章中，我们将会对领导者如何做到这一点进行探索和阐释。我们首先从领导者本身所处的直接环境着手进行分析：那些与他们在日常工作中互相影响的员工、同事以及团队。这种主张是从情商的公式化中得出的。[2]例如，理查德·博雅特斯(Richard Boyatzis)围绕社会能力的概念提到了一系列的能力——影响力、团队工作能力以及冲突管理能力等。[3]在第五章，我们把这种主张扩展为：成功的领导者需要对更大范围的组织环境有深入的了解，而不能只是局限在对经常与其打交道的那些人的了解上。并且，我们将会继续对领导力在该方面的重要性予以考虑。

我们的出发点基于这样一个毋庸置疑的简单事实：人类的行为（不管有没有包括领导活动）不是在真空中发生的，它们是以人们活动所处的社会现实环境为条件的。这些社会现实对于周围环境的形成起到了重要的作用。有影响的领导力不仅包括把握潜在机会的能力，还包括能够意识到环境的局限性的能力。有技巧的领导者往往同时是一个现实主义者。他们拥有良好的意识，知道哪些可以改变，哪些不可以。他们能够找出那些限制他们行动的条件，并在这些约束条件下进行工作。[4]

"领导力与环境相关"这个命题并不是一个新命题。许多年前，著名的社会学家乔治·霍曼斯（George Homans）就曾经对它进行过精辟的阐释：

> 人类社会中根本不存在这样的普遍规律：它能够适用于没有限制和改变的任意情境中。人的本性渴望确定性的结果；数千年来，人们一直在寻找这样的规律，但始终没有找到。在人类所找到的每一个规律中，总是会有与之相冲突的情形。最近几年来，许多实践家（例如工业家）继承了社会上一些心理学家和社会学家的观点，试图找出能够适用于所有环境的计划或规则，以管理他们的员工。但是，世界上根本不存在这样的规则；并且如果有的话，这将是十分危险的。它们可能在某一个时间段适用，但当环境发生改变之后，它们就变得不合适了，领导者将不得不面对

这些新问题，而他的脑子里还在受着旧规则的束缚和制约。因此，大家也不要把我们所强调的领导力格言当成绝对的规则，只要把它们当成领导者手头的指导就好了。它们只是在一定限制条件下适用，当环境发生改变时，还可能会出现规则之间的冲突。领导者应该掌握的不是一系列的规则，而是分析环境的能力。如果分析是充分的，应对该环境的方法将会自然出现。然而，如果是作为工作上的指导，领导者确实拥有一些简单的规则，分析也会指出它们的局限性所在。[5]

—对—

如果说环境是领导力的关键因素的话，那么对环境的敏锐观察，对风向的正确判断等能力对任何一名领导者来说都是不可或缺的。真实的领导者总是具有优秀的，甚至可以说是出色的情境感知能力。

就像许多成功的领导者一样，帕蒂·卡扎图是从做销售代表的经历中学习到其情境感知能力的。在后来的职业生涯中(她做到零售业巨头 Gap 公司的高级副总裁)，情境感知能力起到了重要的作用。许多成功的领导者都曾经提到过其早期的销售经历对其获取情境感知能力起到的重要作用。“做销售几乎可以说是最好的工作，因为它迫使我不得不去跟各种各样的人打交道，使我在年轻时即可面对不同的情境。坦白地说，那时候我很害怕跟人打交道。但我不得不去跟一些年长的人打交道，因为工作需要。这使我养成了说话之前先思考的习惯，针对不同的讲话对象，我学着用不同的方式跟他们交流。”帕蒂跟我们说。

在掌握了这种技巧之后，帕蒂还试着教别人也这么做。“我会向他们提出很多问题，”她说，“我会对客户、区域经理、店面经理等进行定期检查。即使他们不向我报告，我也会向他们询问情况。”她教导她的团队同样照着她的做法去做。“有些员工需要了解更多，”她跟我们说，“我希望他们跟他们的员工以及客户保持更多的联系。我正在尝试建立这样一个全新的组织团队。”

或许，关于销售经历的最重要意义在于它包含诸多一对一的情况。我们的另一位受访者生动地说出了个中的深意：“在生意场的最后，那就是一对一的情形。”

有时候，挫折的环境对于这种情境感知能力的培养具有重要的作用。雀巢公司的总裁彼得·布拉贝克曾经说过：他最初是在奥地利当兵时学到的这种能力，那时他只有 17 岁。在那里，军队里难以忍受的生存条件以及恶劣的待遇给了他千载难逢的机会仔细观察不同人的反应。有些人甚至企图自杀，而其他大部分的人都适应了；有些人始终没有把自己的反应展示出来，而其他人对于这些糟糕的待遇已经习以为常。这时，他开始第一次受益于他的情境感知能力。他对长官们的意图和计划越了解，他就越可能参与到长官的行动中去，或是不妨碍长官的行动。对布拉贝克来说，理解了这层关系意味着他具有了敏锐的洞察力。

全球最大的职介公司 Adecco 集团加利福尼亚总部的前董事长兼 CEO 约翰·鲍默(John Bowmer)认为,他的情境感知能力是从他参加西尼日利亚的学校夏令营的经历中学来的。在那里,学校和当地人之间存在着错综复杂的关系,他意识到只有通过艰难的协商和谈判才能解决。所有的这些并不是领导者在顺境下的经历,他们开始接触这些事情的时候并不熟悉,甚至有些不知所措。对大多数人来说,这种感觉刺激和加深了他们的情境感知能力。

情境感知能力包括什么?

情境感知能力包括三个要素。第一个要素由观察和认知能力构成。领导者首先需要观察和感觉组织中发生的事务,然后由他们的认知能力对这些事务进行阐释。他们获取并解读那些软性资料,有时候甚至不需要言语上的表达。他们知道什么时候团队的士气低落,需要激励;或是什么时候团队的自满情绪严重,需要调整。他们表面上通过渗透性的方法收集信息,然后应用这些信息去了解他们的领导环境。

这个过程并不明显,有时候我们甚至根本看不到。但在某些关键场合,你能体会到这种能力的重要性,或是缺少这种能力的局限性。例如,在某次会议中,某人迟到了,并且向一头闯入瓷器店里的公牛一般闯入会场,不注意对其他人和整个开会氛围所造成的影响。这种冒失的行为就是缺少情境感知能力的表现。

你还可能在生意将要谈成的时候发现这种技能。例如,在某个商业并购案例中，你可能会遇到这么一种情况：所有的其他要点都已经解决了，只剩下最后极其重要的一点还没有解决。这一点就取决于领导者的感知能力了，那些作出正确判断的领导者具有更好的情境感知能力。

那些任务导向型的领导者经常会忽视基础的观察工作。在完全理解情境之前，他们就冒冒失失地开展行动，有时候往往会带来非常消极的后果。后面我们将会介绍一种非常有用的观察框架，可以帮助大家在实践中开发这种情境感知能力。

情境感知能力的第二个要素是由行为能力和适应能力构成的。在观察和了解了情境之后，成功的领导者会对他们的行为进行调整。在没有失去自我的前提下，他们努力适应环境。我们称呼他们为“真实的变色龙”。因为变色龙会随着环境的改变发生显著的适应过程，而没有丢失变色龙的本质。对于领导者来说，情境感知能力的行为因素是指对于在一个特定的情境下最大化其领导力的社会能力的自觉运用。他们可以采取一系列广泛的行为：创造与员工的适度距离；充分展示自我的优势，也适当地揭示自己的某些弱点；行动迅速，力求掌控时间。

前纽约市长鲁迪·朱利亚尼(Rudy Giuliani)对突发事件的成功应对就是一个非常好的例子。在9·11事件发生之后，整个纽约陷入惊慌、恐惧的气氛中。朱利亚尼感受到了这种气氛。作为一名市长，他勇敢地走出去站在大街上，和他的人民紧紧站在一起。作为对比，我们看一下美国总统小布什是如何表现的——在迈克尔·摩尔(Michael Moore)的电影《华氏 9·11》(*Fahrenheit 9/11*)中记下了这个给人印象深刻的镜头:在 9·11 事件发生的时候,他正在一所小学进行参观访问。他先是在讲台上呆呆地站了几分钟,然后就从镜头前消失了,与外界失去了联系——或许那时他已经处在美国军队的重重保护之下了。

或许,布什总统的这种反应主要是出于保证美国整个领导链条的安全的考虑——通过避免遭到恐怖组织的进一步伤害。然而,他的行动使他淡出了民众的视线,并且与外界失去了联系。作为对比,朱利亚尼的情境感知更为迅速,他能够意识到民众的情感需求,并作出合适的反应:纽约市民正处在恐怖袭击的危险中,而作为市长的朱利亚尼一直跟他的市民在一起。在恐怖袭击所导致的惊慌、恐惧、痛苦中,正是他给了市民一种强烈的自豪感,因为纽约市长始终跟他们以及他们的城市共患难。(通过这样做,他已经开始改变环境了——这是我们将要介绍的下一个要点。)

情境感知能力的最后一个要素是改变环境——领导者用他们自己的行为改变环境。下面是一个例子:当格雷格·戴克初来 BBC 广播公司时,他发现很多公司员工工作得并不开心,这使他很吃惊。于是,他立志为公司员工树立一种更为积极、更有活力的心态。通过赋予公司全新的工作方式,他试着改变公司的环境。他亲自跟员工在公司走廊里自由地畅谈,有时候会对某部新上映的电影共同交流其中的精彩内容。戴克还试着一改 BBC 公司高管会议中一贯的严肃气氛——当几名高管走进会议室的时候听到了欢快的笑声，还以为走错了房间。而当戴克了解到这些时，他知道他成功了。

上面这些案例的主要经验是：领导者不是环境的被动接受者。相反，他们与他们的员工共同努力为团队构建了一种全新的环境。[6]正是这种能力使那些仅仅随环境改变、适应环境的人与那些具有改变环境能力的人区分开来。

领导者们应该意识到情境感知能力是非常重要的一项技能。他们也应该知道随着其职位在组织中的升迁，这种能力变得越来越关键。职位的升迁需要你处理更多的信息——通过你的眼睛和耳朵对于那些纷繁芜杂的信息进行过滤，以找到你所需要的信息。并且，随着领导职位越来越接近组织的顶层，你将会获取到更多的信息，然而信息的真实性可能也会变得更低。正如约翰·鲍默所说的，“如果你成功了，别人会对你更加地敬重，甚至畏惧，结果你将会得到越来越少的真实信息”。

真实的领导者了解这些，他们会采取措施确保对周围环境的掌控；对于那些已经发生改变的环境，他们也将会保持非常清醒的洞察力。

情境的挑战

下面，让我们通过两个具体的事例来更为详细地分析一下情境感知能力。当格雷格·戴克接手 BBC 广播公司的时候，他面临着一系列情境的挑战。他曾在冷酷无情的商业电视节目行业赢得了令人敬畏的声誉，而这里（BBC广播公司）却是枯燥无味的国家电视台。他刚来公司的时候，所遇到的一系列事情使他感到震惊。当他在电梯里愉快地向他的员工打招呼时，员工们竟然都低头不语。当他到公司的自助餐厅吃饭的时候，他的四周没有人坐。就连他的高级经理们也似乎总是虚伪地捡一些他们认为戴克喜欢听的话语来跟他交谈。

“这真是一个奇怪的地方，这里的人似乎每时每刻都在表演。”戴克回忆说，“没有一个人是真正的自己，因为他们认为这是不被允许的。因而，这么多聪明、风趣、有才能的人完全成了另一个样子，不为别的，只是因为他们认为在公司里展示真实的自我是不被允许的。”

戴克决定着手对BBC广播公司进行一次全面的视察，以求更加深入地发现公司的症结所在。他对广播电台、科技节目制作部门、电视剧制作部门、新闻工作组等进行了访问——没有事先的通知，不要红地毯，也不带随行人员。通过对公司环境的深入了解，一系列复杂的问题浮现在他的面前。表面上，公司士气低下，员工怨言载道，犬儒主义盛行；然而，在进行了深入的调查研究之后，他发现了公司员工的创造性及其内心中对公共广播事业的极大热情。

格雷格自己本身是一个精力旺盛的人，具有积极的生活态度。对于他所发现的情绪低落、压抑的公司氛围，需要他发挥其领导力，改变环境：把员工心底的创造力和对事业的极大热情充分地发挥出来。当然，他自己的行为对于环境的改善具有关键的作用。

戴克体察环境的方式便是他改变环境的一种手段。他对公司机构的访问总是没有事先的通知，不要红地毯，也没有随行人员——没有一点儿高高在上的派头。戴克每次出现在员工的面前时，总是友善而随和。随着对环境的进一步了解，他得出了这样一个结论：要想改变公司的环境，必须首先要赢得员工的支持；只要员工支持他的想法，其他的工作就好做了。于是，他像我们原先提到过的约翰·莱瑟姆校长一样，首先致力于解决员工身边的事情——"什么事情可以使这里更好一些？"有时候，只是一些很小的事：更新当地电台的老式设备，或是在过度拥挤的办公室之间添一片绿地等。"很多都是极琐碎的事情，几乎不用花多少钱。'通过花很少的费用，急员工之所急，你就能把员工争取过来，赢得他们的认同。"

戴克在感知环境的同时，也在适应公司的环境。有时候，他不得不向 BBC 广播公司的传统妥协。公司的会议室具有极高的地位，里面排列着公司历任董事长的肖像（所有的都是中年的白人）；公司的创始人里思勋爵（Lord Reith）目光严峻地凝视着整间会议室。在这里，戴克不得不忍受着与 BBC 广播公司的实际控制者们（他们是一群调节者和奉承者的新奇混合）一起开冗长的会议。但对于这些，戴克也以巧妙的方式适应了。在这样的场合下，他的衣着、举止以及谈吐庄重而正式。但是，仅仅偶然的一次，他的恼怒显露出来：咔嚓一声，他猛地折断了自己的眼镜盒，流露出对公司控制者的不满。或许这是他在公司树敌的开始，最终他被这些敌人解雇了。

象征的改变

在戴克改写环境的尝试中，他所引入的第一个实在变化具有象征性的意义。首先，他逐渐停止了为每位公司高管配备专车和司机的制度。通过协商谈判，这些司机全部得到了妥善的安排处置。这儿件事情对公司节目制作人员以及他的支持者们的整体影响是非常积极的。在BBC这样平等主义盛行的公司里，总部门前停着的一长排昂贵的黑色轿车曾经是很多公司员工愤怒的源泉。

其次，他大力削减了在顾问上的支出。其中一年，这笔预算从2 200万英镑缩减到300万英镑。这标志着那些已经深入BBC公司员工内心中的旧制度和信仰发生了根本的转变。

与这些象征性的改变相伴的是戴克对公司的忠诚。戴克对于他所领导的员工非常关注，对于公司的制度也非常关注。下面这件感人的事例可以很好地表明这一点。公司的员工组织非常复杂，带有很强的民族性和区域性：他们分别代表了苏格兰、威尔士、北爱尔兰以及英格兰的利益。一次，戴克约定要对他们进行演讲。但就在演讲的前一天晚上，他的家着火了。幸运的是，没有人受伤，但是他了解自己仍处在危险的境地。然而，他还是坚持出现在了会议上。在这样糟糕而混乱的环境中，他的出现使群众非常感动。

在戴克的领导下，BBC公司发生了巨大的改变。公司管理者一改曾经的独断专行的处事作风，开始听取员工的广泛意见。那些总是把公司内部的兄弟部门当成竞争对手(早间新闻会把午间新闻、晚间新闻当成竞争对手)的风气也开始把目光转向了公司的外部——它们真正的竞争者。

这样的改变具有固定的模式和节奏。关于这一点，我们在其他实现了有效领导的组织机构中也会观察到。这个节奏是：观察、理解、适应和改善。

节奏之王

里克·多比斯有着多年从事唱片业的经历，他曾在RCA、索尼、宝丽金等著名唱片公司做过高管。里克是一个典型的纽约人。当他经营宝丽金商标组织的时候，我们第一次注意到他。这是一个小而松散的商标组织，在这个角色上，他显示出极强的专业才能，并且对于A&R世界及其艺术家具有敏锐的洞察力。这时，他迎来了一个崭新的机会：他得到了管理宝丽金公司欧洲区事务(26个国家的业务，占公司利润的一半以上)的机会。

美国娱乐界高级管理人员能够在欧洲成功的并不多(当然，反过来也一样)。二者之间在人际关系以及文化等方面都有着明显的不同。因此，多比斯面临着情境感知能力的巨大挑战。公司的生意覆盖了广阔的版图，像法国、德国等国家分别具有不同的音乐文化；还有像西班牙、意大利、斯堪的纳维亚、葡萄牙、比利时等国家和地区，它们的音乐文化也各具不同特色。尽管有些欧洲国家版图比较小，对于国际乐坛的冲击力有限，但是它们各自都具有繁荣的音乐产业。（毕竟，比利时人曾经发明了风靡全球的乐器——萨克斯管。）

多比斯拥有着似乎无穷无尽的文化好奇心，结合着自身的天分，他逐渐摸索出一套成功的领导方法。他避免"我知道解决问题的最好方法"这样的心态，而是向他的同事传达出虚心好学的信息。他观察、了解、适应环境，并最终改变环境。他首先支持公司成立16人管理委员会，在最好的地段开设音乐工厂，与当地著名的流行歌星签约，与当地音乐界的流行前沿保持紧密联系——诸如此类的措施有力地提升了公司的地位。逐渐地，他们构建了一个强有力的团队。国与国之间的音乐交流得到了加强；音乐文化冲击到美国和英国，市场竞争力进一步提高。

正如里克·多比斯的事例所表明的，当你对于环境有了深刻的了解，对于那些可以改变的环境作出了正确的判断时，你的领导力才能更有效地发挥出来。

对关键人物的了解

但是，哪些东西是领导者需要感知的呢？是不是存在某种可以对环境进行归类的方法能使你的情境感知能力更加敏锐呢？有，其中的一种方法便是考虑一下分析的三个层次。第一层是那些对你的表现施加了最大影响的关键人物；第二层是你为完成任务所必须与之打交道的重要团队；第三层是你的组织环境和受到的限制。（我们将在第五章详细讨论组织环境的问题。)

几乎所有成功的领导者都承认:对组织中关键人物的深入了解是他们成功的前提条件。这些关键人物的动机、价值观、技能以及热情是环境的重要构成部分。成功的领导者对于这些关键的人物有着非常强烈的了解欲。他们能够体察到人们发出的细微信号,再通过这些信号得出员工的基本动机、重要能力以及精神状态等等。

其中的某些方面很容易理解。一般而言,评估某个人的技术能力,例如阅读一份资产负债表,写一份市场计划,或是检测某种药品的毒性等,在一定程度上是可度量的。但是,对于人们的动机和情绪的感知就有些困难了。它更多地与人的本能有关,并且很难将其标准化。

那么,领导者如何收集这样的信息呢?我们的经验和研究为我们提供了几条重要的普遍原则。首先,非正式的环境要优于正式的环境。一个非正式的安排,像午餐、周末野餐等,可以帮助领导者和员工摆脱公司层级和结构的限制。对于领导者安排的会议,不管是在领导者的办公室里,还是在一个较为休闲的环境里,它必须是每一个人都会感到舒适的地方,并且一定不要受到打扰。

其次,间接的求证要优于直接的询问。如果领导者向他的员工直接地询问:“你的主要动机是什么?”那么,他们之间的权力关系就会阻碍信息的良好传输。员工可能会去编造一些他们认为领导喜欢的话来搪塞领导。这也很好地解释了为什么当领导者在收集与动机有关的数据时,询问过去总是比假设未来更为有用的原因。“你从上一次的任务那里得到了什么收获?”这样的提问会比“你在公司的未来两年有什么打算?”这样的提问引出更好的信息。

对于那些已经发生的事实进行询问,可以问一下像“他们在一生中的关键时刻会如何选择”这样的问题。对于年轻人来说,这样的问题可以是他们在受教育阶段的关键时刻如何选择。对于那些曾经工作多年的人来说,他们的回答可以揭示很多内容。那些因为受不了苹果公司沉闷的官僚作风在里面呆了一年就离开的人可能拥有低的结构动机(也就是说,可预知的世界对于他们来说没有吸引力)。而对于另外一些人来说,对高额奖金的追求可能是更重要的;或许还有些人是在追逐那些可以使其拥有更多选择的权力。

并不是只有与工作相关的经历才会揭示人们的潜在动机。从体育或是社区活动中得来的信息照样可以起到重要的揭示作用。那些追逐权力的人经常会参加高尔夫俱乐部,或是去做一名教会执事,或是组织当地的老师和家长联合协会等。而对于另外的人来说,他们可能会在周围建立一些小组织自娱自乐,或是参加一些非正式的协会等。所有的这些资料都应该被成功的领导者收集、评价,并且很好地利用起来。

这里还有时间的问题。“这要花一定的时间,”约翰·鲍默告诉我们,“随着人们开始信任你,他们也开始更多地向你揭露自己。你的情境感知能力也将会得到更好的发挥。这时,你可以首先从核心成员着手,让他们告诉你员工都在关注什么。”

领导者还要注意一点:不要仅仅依靠一点线索就演绎出一个员工的完全动机模型。相反,他们应该坚持不懈地建立新的模型,时时不忘调整、更新他对周围关键个体的了解。人是非常复杂的,我们不可能对他们完全了解。探究他们的潜在动机只能是一个不断接近的过程,这对于成功的领导者来说是非常关键的。

最后,由于这种复杂性,我们建议领导者们制作一张网络图表,上面记下组织中对他施加的影响最大的个体。[7]在这张图表上,领导者应该将他们对动机和情绪的观察记录下来。图表上应该包括下属、老板、同事、支持者、客户以及合作伙伴等等。这些因素中的任意一个都会对领导力的有效性产生重要的影响。当实施这项训练的时候,领导者还必须从中找出存在问题的部分——你对组织中那些重要的个体了解最少的部分。在动机方面,领导者可能会犯的最大错误是:把所有这些人都想象成跟自己一样。

你所得到的信息需要综合和构造。尽管收集数据的过程是比较松散的,然而它们还是应该被系统地记录下来,以便领导者在得到新的信息时,他的网络图表可以被实时地更新。

这种数据资料可以帮助领导者或是那些想要成为领导者的人评估那些可以激励员工的事物。这可以使领导者更加容易赢得员工对他们事业的支持。按照罗氏制药公司总裁比尔·伯恩斯的观点,这便于领导者向员工传达出这样的信息：只要员工加入他们所领导的事业，员工就能够同时实现自己的梦想。

成功的领导者承诺自己会帮助他们的员工，发现员工真正的才能，开发每个人“心中的巨人”。例如，麦克利恩(McLean)公司的COO奈杰尔·莫里斯(Nigel Morris)曾经说过：“我乐意帮助人们实现他们的梦想。在一次公司年中回顾会议中，我向员工询问他们的感受——不仅是日常的感受，而且还包括他们如何成长、学习，以及那些令他们烦恼的事情等等。我总是在努力使公司的每一个人发挥出他们最大的潜力。”

比尔·伯恩斯也同意这种观点。他通过观察发现：“人们在四五岁的时候，个性就基本上成型了。如果他是一个性格内向的人的话，你就别指望将来把他变成一个拉拉队队长。”

要想深入了解人们的动机、价值观以及情感，需要领导才能上的优势，有时甚至会使领导者陷入困难的处境。看看下面这个例子。当雷·范·沙尔克(Ray van Schaik)在20世纪90年代早期出任喜力(Heineken)啤酒公司董事长的时候，他周围的人立刻注意到他那出色的情境感知能力。他能够非常轻松地解读从员工那里传来的信号；更重要的是，他对于公司第三代家族掌门人、拥有着公司大量股份的弗雷迪·海内肯(Freddie Heineken)的心思非常了解。弗雷迪·海内肯是一个非常复杂的人，人们很难猜透他的心思。但范·沙尔克却能够自如地体察出它的意图。

范·沙尔克身处家族掌门人与公司管理层之间，他是一个非常有效的调解者,或者说是"减震器"。如果没有超强的情境感知能力,这简直是一个灾难。在范·沙尔克的领导下,喜力公司不断成长,并在竞争激烈的国际市场上稳固地占有一席之地。

对关键人物的了解并不仅仅是组织上层的事情。我们在俄亥俄州曾经遇见过一名在路边小餐馆工作的烤肉师,他跟我们说:了解每个服务员如何应对午餐的繁忙时段是非常重要的。有的服务员需要你明确地告诉他怎么做,有的只需要积极地反馈,而有的干脆只要任他自己做就好了。

尽管收集公司内部关键个体的信息非常重要,但这远不是工作的全部。成功的领导者必须还要深入地体察公司内部的不同群体复杂而微妙的态势。

理解群体

由于领导力是领导者与员工之间的一种相互影响的关系,因此关于群体行为的大量研究文献都集中在那些渴望担任领导者角色的人身上。[8]通常,领导者所领导的不是简单的个体集合,而是一个群体或团队。

跟个体的理解一样,对于群体的理解也是一个连续、无止境的过程。一个群体并不仅仅是群体成员的算术之和,它还包括存在于群体之中所有成员之间的纷繁芜杂的关系,以及群体自身复杂的社会建构。正如比尔·伯恩斯所言,"你所感知的是人的本性。你不仅需要思考逻辑和任务,还需要思考人和文化的方面。群体是不是有它天然的领导?被任命的领导是不是天然的领导？这些都是你需要考虑的问题。这也就是组织中是否存在困难、压力以及配合不当的问题。你需要把它们找出来，然后解决它们。”

而问题恰恰在于：很多渴望成为领导者的人忽视了群体以及群体的作用机理，尽管存在着一个丰富的知识体系证明松散的“群体”向高绩效“团队”转变的益处。[9]

为什么会发生这种现象呢？一种解释是：在西方文化中，我们并没有被训练去组建团队。除了在团队体育竞赛之外，高中和大学都鼓励我们去竞争，而不是协作。在面对问题的时候，学生们被鼓励去独立解决，寻求别人的帮助是不被提倡的。

在工作组织中，团队的形式和大小各有不同。它所涵盖的范围包括职能团队、任务团队以及问题导向型团队。有些领导发现他们的团队就在他们的办公室周围；而另外一些领导会发现他们自己所经营的团队分散在每个大陆的各个角落。

尽管存在这么多的不同，还是有许多确定的团队行为可供我们考察。那些拥有良好的情境感知能力的领导者了解这一点——或许这仅仅是一种直觉，或许是经过良好训练所得。

例如许多年以来，我们一直都知晓：那些高绩效的团队通常是在两种不同的行为类型之间寻求平衡。这两种行为通常被称为任务相关型角色或是关系相关型角色。任务相关型角色与完成工作直接相关。它们包括启动活动、设定目标、监控过程以及分配任务等等。这些角色总是先出现，然后占据主导地位。但是随着时间的推移，这种任务型团队往往会分崩离析。使团队紧密维系在一起的是关系相关型角色。这是一种以寻找团队成员的共同基础以及冲突协调等为基础的团队。但随着时间的推移，这种维系关系的行为也不可能会一直存在下去。

当我们与日本的经理们谈论这些不同的时候，他们把这当成是不言而喻的真理。对他们来说，关系起始于维系的动机。他们首先会去互相了解对方，然后再做生意。在日本的尼桑(Nissan)公司，我们遇见了一位高管人员，他的主要领导原则就是每天确保与他的团队成员一块儿进餐或是喝杯咖啡。对他和他的员工来说，维系正是他领导的舞台。这与美国的文化截然不同。在美国，关系更多的是起始于任务——我们首先来做生意，然后我们再互相了解对方。

成功的领导者应该对于团队的任务导向行为和维系导向行为以及团队的当前需求三者之间的平衡保持敏锐的洞察力。他们会意识到这种平衡是不稳定的，并且会对应于团队不同的需求发生改变。一定程度上，这几乎是每一个时刻都在改变的过程。成功的领导者知道什么时候必须立即作出决定，什么时候必须达成协议，以及什么时候需要听取别人的意见以寻求一致。从更长的期限来考虑，在任务面临改变的时候，他们应该为组织构成的改变作好计划。

循环的团队

当魅力超凡的西蒙·格利福德出任巴克莱银行的营销总监时，他从前任手中接过来的是一个士气严重受挫的烂摊子。公司的协作水平低下，有些人背后相互攻击，并且犬儒主义盛行。基于此，他的当务之急就是致力于组建一个金融服务部门的高绩效营销团队。他充分利用自己丰富的经验和出众的才华使团队迅速建立起高效率和高度的内聚性。当然，在这个过程中，他收集了大量关于特定个体的能力的资料。当合适的时机一到，他就能根据手头的资料作出明确的决定。一些员工被调往新的工作岗位上去，还有一些人直接被扫地出门。

在实践中，领导者会意识到：通过发展循环过程，团队可以从中受益颇丰。这些步骤包括：组建过程（团队被组建成一个整体）、冲突过程（关于做什么和如何做的冲突）、规范过程（达成关于如何做的统一协议）以及执行过程（整个团队全身心地投入到公司的任务中去）。

在这四个步骤之间没有必然的连续性。例如，由于团队个体之间不能解决的争议，有些团队在第二步冲突过程中可能已经失败了；而为了避免冲突，团队成员表现出过度的谦虚也是不合适的。我们常见的一个主要错误就是团队成员急功近利，不切实际地试图快速达成最终结果。这通常表现在团队从第一步组建过程直接向第四步执行过程跨越——这是一种无视行为科学几十年的研究成果的野心。

有时,我们会在继任的情境中看到这种情形。例如,我们曾经观察到一位墨西哥人接手一家美国饮料公司子公司的个案。他的前任已经组建了一个强大的团队,但是这个团队是在与母公司的意愿相违背的情形下建立的。此时,出现在这位墨西哥领导者面前的是"非我即他"的选择。为了使该情形得以改观,这位新领导打破原有的团队,建立了一个持有不同观点的全新团队。

调整以适应变化

正如成功的领导者总是需要花时间去理解团队中的个体一样,他们也会对团队的结构和进程这些细微的元素进行关注。他们知道:领导工作是连续的。团队中的变化可能会在每时每刻发生,而并不仅仅在两名成员离开团队或是三名新成员加入时才会发生。基于此,领导者将不得不经常重新调整目标。这是一个简单的要点,但是经常会被人忽视。

比尔·伯恩斯很少会犯这样的错误。他充分发挥了他的领导才能,确保他的公司同事能够与时俱进地适应和相互影响。而具体怎样做又会因不同的同事和不同的会议而有所不同。或是私下里跟同事说上几句话,或是讲一个及时缓解紧张气氛的笑话,或是在关键时刻结束会议,比尔总是能够游刃有余,得心应手。

像比尔·伯恩斯这样的领导者知道他们能够给团队带来什么东西,也知道哪些地方需要别人的帮助。相反,那些任务导向型的领导却总是直到最后才会了解这些,尽管他们需要大量的关系导向型的成员帮助团队紧密团结在一起。他们太过关注事情的开始或结束，而对于过程则不太关心。如今，关系导向型的领导对于任务导向型员工所起到的互补作用越来越敏感了，他们会更多地依赖情境作出决定。

我们的工作经常是帮助那些任务导向型的领导招聘具有良好维系能力的员工或者培养其周围的那些具有良好维系能力的人员。有时候，我们需要鼓励那些关系导向型的领导容忍甚至是鼓励团队成员之间的知识冲突。（这种冲突是改革的重要动力。）实际上，两种类型的领导者都需要了解知识冲突（观念的碰撞）的好处，以及情感冲突可能带来的毁灭性后果（消极的情绪可能会使整个团队功能紊乱）。[10]

很明显，团队的成员越多，团队成员之间的关系越复杂，领导者就越难以驾驭，不管是对于其中的个体，还是对于整个团队；反之也成立。民族、宗教、语言、个人的经历以及目标的不同可能会降低团队的凝聚性，使整个团队更加难以驾驭。

短期来讲，相似的人之间更容易相处，领导者也更容易把握团队成员之间的关系。由他们组成的团队能够迅速地结合，产生良好的结果。因而，组建一个同质的团队对于领导者来说是非常有诱惑力的。但是，从长远的角度来讲，这种做法有些短视。那些高度多元化的团队，尽管从短期上说可能比不上同质型的团队，但从长期的表现来讲，一旦它们学会凝聚，充分利用好它们更为广泛的经历、更为丰富的创意等优势，这种团队比同质型团队做得要好。因此，如果手边的任务很复杂，并且要花一定时间的话，选择多元化的团队更好一些。[11]

今天，创造力和创新性正变得越来越重要。在 20 世纪 90 年代，流行的观点认为：组织越平均、越精细、越专注，就越能够发挥出组织的绩效。然而进入 21 世纪的今天，遵从上述观点的组织遇到了新的问题：假使团队成员中的每一个人都变得平均而专业的话，我们如何来创新呢？创造性会随着多元化而增加，随着同一化而降低，这是一个亘古不变的真理。然而，日益增加的多元化却令团队中的领导者感到越来越困难。为此，情境感知能力再一次成为了解决问题的关键。

遍及各地

随着全球化步伐的日益临近，领导力的另一个问题逐渐浮现出来。越来越多的领导者发现自己已经不再单单处在一个位置上了。这些复杂的情境给当代的领导者带来了特别的挑战。你不能只是简单地依靠策划走廊里的一次非正式的聊天，或是下班之后一块儿喝杯啤酒这样的方法来实施你的领导力。领导者如何超越这些复杂而困难的境况呢？

当然，今天的领导者有新型通信工具（电子邮件和视频会议等）的帮助。但是，这些新技术通常并不是万能的良药。[12]原因很简单：人类不是机器，他们的社会交际并不是可以由电信部门连接起来的。

我们曾经遇到过一个非常典型的事例，一家著名的制药企业希望把它的研发部门国际化。为此,它专门安装了一个精良的电子邮件系统,并且购置了大西洋底下的一条专门光缆以方便公司开视频会议。但是,数个星期之后,电子邮件和视频会议系统都以失败而告终。它们不仅没有起到相应的作用,而且还给公司带来了不信任和不同的政见。“谁知道当他们离开麦克风之后会说些什么?”“他们私下里互相串通了吗?”这个系统远远没有达到加速研发的目的,甚至使事情变得更糟糕。最后,通过使身处大洋两岸的同事聚在一起面对面地交谈,这种糟糕的局面才最终得到了改观:他们开始互相信任对方,团队的工作又重现当初的朝气和效率。

正基于此,我们建议那些小团队的领导首先与成员建立面对面的关系。人类对于这样的相互作用并不陌生。一旦这种面对面的关系建立起来,我们就可以应用其他的手段和方法来维系团队。(可以考虑一下普通信件的强大作用——它根本不需要什么高技术。)有一个并非巧合的情况是,世界上的各个金融中心区(像华尔街、伦敦城以及东京的金融街等)在地理范围上都很小。当一天的交易结束之后,酒吧、俱乐部里面挤满了人,他们面对面地聚在一起,互相收集有用的信息。

当成功的小团队领导把团队成员聚在一起的时候,他们加强了成员间的社会联系。他们意识到团队成员之间需要互相的了解。领导者要确保团队努力工作,但是他们还会和员工共进晚餐或是一起看电影——任何可以收集员工的反馈信息以及展示自我的场合。在这样的情境下,领导者需要一下子就投入到领导的角色中去。因此，许多性格内向的领导者发现这种强化的领导方式非常困难。

领导关系是存在于领导者与被领导者之间的一种关系。领导者不仅与被领导者的个体之间相互影响和作用，他们还必须把被领导者当成一个群体来对待。因此，关于群体行为的知识也成为了领导者必要的知识储备。领导者需要一系列的相关概念去了解与之相互作用的群体行为。然而，这绝不仅仅是一种单纯的理解过程，他们还需要进一步地改变环境。

释放你心中的"老虎"

跟大多数的人类能力一样，情境感知能力部分来源于基因、遗传等人类自身的方面，在一定程度上，也与我们的社会经验以及机遇等社会因素相关。就像打高尔夫球一样，那些立志成为领导者的人会说："我永远不可能打得像老虎伍兹一样好。"或许他们还会说："OK，我可能永远不可能像老虎伍兹那样击球——但是，我确信我可以不断进步。"

最重要的一点是：情境感知能力可以通过教育和学习而获得。如今，一些主要的商学院已经开设了像"人际关系技巧培训"这样的课程。在这一方面的任何进步都会增进你的情境感知能力。一种方法是录像教学法：把特定环境下的执行决策（设置目标，给出反馈，交流观点等等）录下来，然后通过对录像的回顾，找出忽视或是曲解的地方。这样的课程经历会使我们平时对观察技巧的忽视显得尤为突出。许多具有紧迫感的领导者往往不会花时间去观察他们周围正在发生的事情。他们聚精会神地专注于如何完成任务，以致忽视了最简单的观察任务。当然，熟练的观察并不是一件很容易的事情。想想我们游览美术馆的经历吧：如果在向导的指引下进行游览，我们往往会收获到更多的知识。领导者就需要那样的"向导"。

领导者，尤其是那些大公司的领导者，往往可以通过培育网络为他们收集资料。那些机构分散于各地的公司的领导者介绍说他们会维护旧有的关系（通常是依靠组织中的层级关系），这使他们得以与组织的各个层次保持紧密的联系。卡扎图和鲍默两位领导就与他们旧时的销售同事保持着密切的联系，利用非正式的场合提取那些未经过滤的信息。

所有的这些都证明了情境感知能力不是一个被动的过程——领导者认识和改变环境，是为了达成他们的目标。

只要你知道你的所在，你就可以领导来自任何地方的团队。在 2004 年的莱德杯（Ryder Cup）高尔夫赛中，美国队由众多的顶尖高手组成，而来自欧洲各个国家的欧洲队成员在排位上远比不上美国队。但两个队之间的关键差别在于欧洲队领导有方。欧洲队的德国队长波恩哈德·兰格尔（Bernhard Langer）不管是在对个体还是在对团队的整体把握上都显示出了优秀的情境感知能力，而倒霉的美国队队长哈尔·萨顿（Hal Sutton）却犯了一个又一个的错误。最终，欧洲队漂亮地赢得了莱德杯。[13]

你凭什么

第五章　真实性和环境适应

在本书的第四章，我们重点论述了领导者如何认识和改变环境的问题，包括针对个体以及团队两个方面。然而仅仅做到这些还是不够的，我们还需要面对适应组织环境的问题。这涉及对于复杂的社会体系机构的理解——领导者必须适应它们以赢得组织中的领导力。[1]

在这里，关键词是适应。如果领导者想要巩固组织中出现的必要改变，他们必须保持足够的适应性。那些能够成功地对组织进行改变的领导者会挑战所谓的标准规范——但很少是全部的规范，也很少是一次进行全部改变。在没有全面了解组织的环境之前，他们绝不会贸然采取直接的对抗性行动。实际上，面对着一个现有的社会关系以及组织网络，适应（尤其是在任职初期）是生存的必要前提。要想领导组织作出必要的改变，领导者首先需要赢得员工的认同——早期的生存规律与今天的成功规律有所不同。

认识组织

在过去的20年里，我们可以列举出数不胜数的CEO们因疏于对组织环境的了解而失败的案例。有时候，他们也可能会取得短期的收获；但从长期的角度来讲，疏于对组织环境的了解绝对是个错误的选择。针对组织的可持续的变革需要领导者了解并且适应组织的环境。这样做可以使领导者实施可信的改变，并且成功的概率更高。如果忽视它的话，结果将是灾难性的。想一下有“链锯”之称的阿尔·邓拉普(Al Dunlap)吧，他惯用的无情裁员和资产剥离等手段固然给他带来了短期的成功，但从长期的角度来说，他最终还是免不了失败的结局。

例如，当迈克尔·奥维茨(Michael Ovitz)加盟迪士尼的时候，他就似乎犯了这样的错误。他的同事迈克尔·埃斯纳尔(Michael Eisner)声称：

> 他一开始就以错误的方式冒犯大家。他的行为方式引起了大家的争议，而且随着事态的发展，情况变得越来越糟糕……在公司经营不景气的时候，我们都乘坐公共汽车，而他却开着豪华轿车，还配有专职司机。公司的每个人都配有步话机，在方圆30 000英亩的区域内，你都能听到步话机里在讲：“这个家伙是谁？为什么他可以拥有这些？”大家都感觉他有高人一等的优越感。[2]

最后，奥维茨只做了14个月的迪士尼公司的领导。[3]在20世纪90年代，罗伯特·霍顿（Robert Horton）也只是在英国石油公司做了三年的CEO和董事长。霍顿对于其聪明才智的展示有时候会让大家觉得他傲慢自大。在公司的策略方面，霍顿很清楚他的所作所为并不合适，但是他却始终不能引领他的团队回到公司的使命上来。他过度的独裁和专制风格根本不适合英国石油公司的文化。他也没有充分地融入到公司的环境之中以说服员工听从他的领导。

宝洁公司前CEO德克·贾格尔（Durk Jager）是另一个因高高在上而失败的例子。批评家指责他所作的改变"太多太快"。最终，贾格尔在任职不到18个月之后就被解雇了。之后，拉夫雷（A. G. Lafley）从贾格尔手中接过了帅印。关于拉夫雷的所作所为，沃伦·本尼斯曾作过评述："他好像是想从贾格尔的风格退回去，但实际上，拉夫雷所做的每一点跟贾格尔比起来都有过之而无不及，包括像到公司外部寻求新的创意，这与宝洁公司传统的'源于自我'理念完全相悖。拉夫雷是怎么做到的呢？'我不会去攻击别人……避免说宝洁的员工做得不够好……我保留了公司文化的核心，引领员工走我安排的道路。我把他们也纳入改变之中。但我没有告诉他们。'"[4]

拉夫雷的领导力充分地表明了认识环境和适应环境的重要性——成就领导力并带来改变。

当然，这也绝不仅仅是公司高层领导才需要关注的问题。纽约城中我们最喜欢的一家酒吧最近更换了一名新的经理。他对于酒吧职员懒散的工作态度——他们总是让酒吧的常客等待太久——很不满意。他认为酒吧的装饰格调和灯光有些低调，于是他试图一次把它们全换掉。然而，顾客们却成群结队地离去了。最后，酒吧的老板不得不对他的所作所为进行干涉，督促他采取新的措施以挽回流失的顾客。

一脱到底

现在的问题是：谁能够充分地认识环境？如何才能够拥有这样的技巧？很明显，有些领导者能够依靠直觉准确地把握环境，但这与其多年不同环境下的经历是分不开的。他们为自己培养出良好的判断力，根本不需要那些概念模型之类的指导。然而，世界上有没有存在可以作为组织关系基础的普遍规则呢？我们认为是有的。我们的采访工作为我们提供了很多这方面的案例，使我们确信许多人已经找到了可以提高他们的认识环境能力的某些方法。

我们开发了一种认识组织环境的方法，这种方法是以"组织即社会"的全新观点为基础的。该模型从经典的社会学理论出发，认为社会中存在两种主要的文化关系：友好交往性（Sociability）和团结一致性（Solidarity）。[5]友好交往性主要是指个体之间团结友爱的情感关系。他们倾向于互相分享各自的观点和价值观，并且互相平等相处。这种关系往往是通过面对面的接触开始的，或是通过其他的联系方式维系。它以成员之间较高水平的互相帮助为主要特征，并没有其他条件。

与之相对的团结一致性是指个体或是团队之间以共同任务为导向的合作行为。它不依赖亲密的友谊,甚至不依赖个体之间的相互了解。它的产生和存在只是因为共同的利益。

尽管这些讨论可能看起来有些抽象,友好交往性和团结一致性的关系却始终真实地存在于我们身边——我们的家庭、体育团队、社交俱乐部以及社区等等。正是这种普遍存在的特征最先引起了早期的社会学家的关注。实际上,我们大家对这些关系都很感兴趣,并且会时时受到它们的影响。例如,当某人描述他们的理想家庭时,他们会毫无例外地告诉你两点:一是要家庭成员互相关爱(友好交往性);再就是当家庭处境艰难的时候,他们能够同心协力,共度难关(团结一致性)。

许多流行的小说、戏剧或是电影的主题都是在强调这两个关系。例如,备受观众欢迎的电影《一脱到底》(The Full Monty,英国著名电影,又译《光猪六壮士》。——译者注)就体现了相关的内容。该片描述了一群士气低沉的失业男人从消极而对立的敌对关系走向团结和友好的动人故事。其他许多经典的电影也是以友好交往和团结一致这两个主题为中心的,像《四个婚礼和一个葬礼》《不可触犯》《虎豹小霸王》以及《教父》等。

友好交往性

对于组织中的领导者来说,理解友好交往性和团结一致性会给他们带来某些行动上的优势。但随着二者在实践中的广泛应用，我们逐渐意识到每一种关系都有其积极和消极两个方面的影响。

在友好交往性水平高的社会文化中，人们会更倾向于享受他们的工作，并且很久以来我们就知道：当人们是在享受工作的时候，他们的工作热情也会更高，因而会产生更高的生产力水平。[6]其次，友好交往性更有益于社会创新的过程。人们的创造力往往是在对一些不成熟观点的分享过程中得到启发，在激烈的争论过程中得到促进，人们互相汲取有益的营养——它常常并不是人们计划好的过程，有时候纯粹是人们不经意间的“妙手偶得”。这也解释了我们所主张的艺术和科学发展的原因；人们走到一起，在友善和相互支持的环境下共同分享观点和创意。

最后，在高水平的友好交往性社会里，人们更多的是互为彼此而努力工作。你可能经常会听到诸如此类的谈话：“真抱歉，今天我可能要晚一点儿回家，因为我要帮比尔完成他的工作。”在工作中，我们越来越相信友好交往的好处了，尤其是当创新性成为公司必不可少的品质时。

然而，工作中友好交往的弊端同样明显。对于“朋友”在工作中表现出的失误，我们有时候会过于纵容。当然，我们了解对方越多，我们越可能把对方当成朋友。乔治·霍曼斯曾富有见地地评论道：“如果你花足够的时间跟那些行为古怪的人在一起，你也可能会喜欢他们。”[7]

友好交往性容易导致纵容和妥协。或许更具危害性的是友好交往性所导致的拉帮结派行为。这种拉帮结派的行为会阻碍必要的变革，抑制领导者所作的激励组织的尝试。在一家金融服务机构里，一名员工告诉我们：这家公司被一个叫做“兄弟会”的无形小圈子控制着。“我怎么知道他们是谁？”我们问。“跟他们作对的时候你就知道了！”我们得到了这样的警告。至于这样的小圈子是不是真的存在并不是主要的问题，关键是人们深信它的存在，并且这也构成了消极组织文化的一部分。

同样，小圈子行为可能会阻碍高科技公司的成长。当公司试图超越公司创建者的愿景时，往往会遭遇到来自创始人小团体的千般阻挠。友好交往性所带来的积极和消极影响使领导者面临着相当大的挑战。

团结一致性

同样，团结一致性在为组织文化带来不少好处的同时，也给领导者平添了相当的麻烦。其首要的好处是能为组织带来极大程度的专注度。此外，这种对于明确客体的关注可以迅速地被调动起来。在团结一致性高的文化中，对于共同利益的感知能够产生迅速而统一的行动。当然，这种迅速而有效的组织配置方式是一种巨大的优势。实际上，正是基于一种成功企业文化的真实本质，战略思想家过去常常提倡这种文化模式。[8]

团结一致性也具有许多消极的方面。首要的一点是：团结一致性的组织可能在做错误的事情时也是迅速而统一的。

这是一个自相矛盾的特征：一方面，迅速而有效的行动是其优势的一部分；另一方面，在做错误事情的时候迅速而统一的行为却给组织带来了不少的麻烦。20 世纪 90 年代的一句流行语——“只管去做它”——很好地说明了这个问题：只管去做它，不要过分考虑其可能出现的结果。这种组织不能容忍反对意见，你能作的选择只能是：要么同意，要么离开。领导者会发现他们周围遍布着这种不加疑问的同意——一种组织不健康的迹象。这种对于一致的过分强调使得身处其中的领导者步履维艰。

另外，团结一致性还会导致组织走向工具主义（一种实用主义理论，认为思想是指导行为的工具，行为的成功证明其手段合理。——译者注）的危险。这类组织中的人不会在乎别人不成熟的观点，不会对其有半点的关注；更有甚者，他们可能会问：“关我什么事？”更恶劣的是，他们或许会思考该问题，但是绝对不会提供任何帮助：“我为什么要帮助你？我们是竞争对手。”最后，这种团结一致性可能会导致营销、财务、生产以及研发等各个部门孤立地看待自身的利益，而不是从公司的总体利益来考虑问题。随着组织内部派系的出现，它们之间的内讧将是必然的结果。因此，要想做一名成功的领导者，你必须处理好团结一致性所带来的诸多问题。

我们把这两个概念（友好交往性和团结一致性）结合在一起，制作成了一个双 S 立方体（见图 5－1）。[9]

图 5-1　双 S 立方体

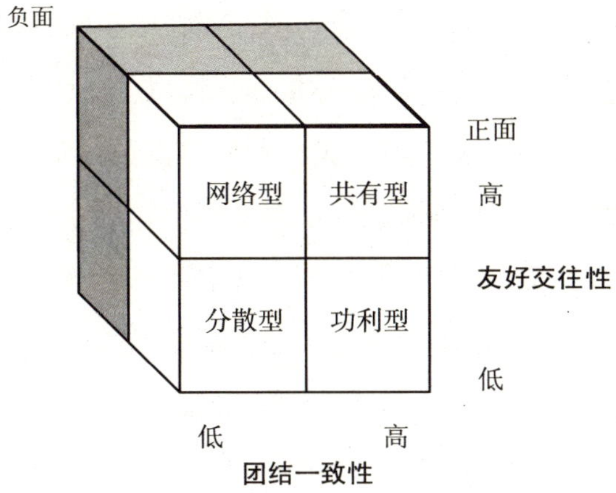

组织文化的分类

我们把组织文化分为四种基本的类型，每一种都具有正、负两方面的影响。第一种是网络型文化(networked culture)。这种文化的友好交往性水平高而团结一致性水平却比较低。在该文化中，员工之间建立广泛的友谊；他们热心助人，企业中的规则会被灵活地执行。组织中的成员把对其他成员的忠诚度放在首位，其次才是组织愿景、使命和绩效目标。在这种文化中，经常会有一些与工作相关的社会活动，并以此维持和发展他们之间的友谊。友好交往性还经常拓展到工作场所之外，像共同参加或组建某些俱乐部的活动等，此时往往还会把组织成员的整个家庭都包括在内。

但是网络型文化也有不少负面的表现。这包括像组织内部出现的各种派系和小团体，每个小团体都会竭力维护自己的利益，企业的目标被放到了次要的位置；组织中小道消息满天飞，产生了危险的流言蜚语，甚至掩盖了通过正式渠道进行的沟通；朋友式的沟通方式空有太多的讨论而少有行动；最为重要的是，领导者自身的风格（尤其是对高层领导者来说）会深入到组织文化中，成为组织的行为风格。

与网络型文化相对立的是功利型文化（mercenary culture），它的特征是高团结一致性和低友好交往性。在这种类型的文化中，组织成员之间是一种竞争的关系，并且他们对于胜利有着极强的渴望。而胜利被认为是一种零和博弈——“我赢，你就输”。共同的价值观建立的基础是富有竞争性的个人主义和明确的个人成就目标。成员之间的合作关系只有在他们认为会给自己带来明确利益的时候才会发生。在一个典型的功利型组织中，有效的团队精神被描述成“编队飞行的雄鹰”。

这种类型的文化会使企业坚不可摧，但与网络型文化一样，它也有不少负面的影响。对于可衡量目标的关注意味着一些虽重要但却难以衡量的议题经常被忽视。组织内部的竞争相当普遍。对于知识型企业来讲，这类文化所造成的最具破坏性的效果便是员工对组织没有太深厚的感情，一些关键人员很可能会离开组织。

分散型文化（fragmented culture，低友好交往性和低团结一致性的文化）不是很常见，但是在特定的背景下也可能会滋生蔓延。例如，那些依靠外部采购的企业，或是由个体专家组成的团队就很有可能产生分散型的企业文化。当然这种文化也有其优势，例如它能够给予成员更多的自由、弹性和公平性，而这可以给组织带来显著的利益。这比较适合于大学的管理，或是由专家组成的企业。例如在大学里，自由的学术风气可以有效地激发教授们的灵感，容易产生富有创造性的思想。但是，如果这种自由被滥用的话，分散型的文化就会产生自私自利和不坦诚的行为。即使是最简单的合作尝试（例如开会）也可能会由于人们各自坚持自己的观点而起不到一丁点儿效果。

最后一种组织文化类型是共有型文化（communal culture），它的特征是高友好交往性和高团结一致性的结合。表面上，这种文化结合了二者的优势，是一种较为理想的状态，似乎可以使企业立于不败之地。像微软、苹果以及本—杰里（Ben and Jerry's）冰淇淋公司等许多知名企业就是该种企业文化的代表，它们都表现出了较高的绩效。没有任何其他一种类型的企业文化能像共有型文化一样对某一事业充满如此高的激情。在共有型文化组织中，人们表现得像一家人。他们对组织的目标充满热情，高度分享着共同的价值观。通常这类公司都会有一位非常有影响力的领导者，他像太阳一般指挥组织中的其他人围绕其运行，他是组织中的意义之源。

共有型文化是一种非常强有力的文化，但同时也是一种很难平衡的文化。高度的友好交往性和团结一致性很难同时并存。有时会出现太多友好交往的倾向，而有时又可能会有太多团结一致的倾向。例如，高度的友好交往性会使人们不愿意去批评业绩不好的同事，而高度的团结一致性却需要这样的行为；高度的团结一致性可以使组织迅速地对外来的威胁作出反应，而高度的友好交往性则要求必须先获得每个人的认可，这使得共有型文化中出现了自相矛盾的结果。在20世纪80年代到90年代早期，IBM公司经历了一次消极的共有型文化的低潮期。具有讽刺意味的是，苹果公司，作为IBM公司的新一代竞争者，后来也陷入了同样的艰难境地。

FPT（Freeze Please Tease）三阶段模型

以上我们所介绍的四种组织文化类型基本上涵盖了全部的组织环境，组织的领导者就是在这样的环境下进行他们的领导活动。实际上，在某个单独的组织中，总是会存在相当的亚文化变异。例如，我们可以设想一下：组织内部所存在的典型的共有型研发部门和典型的功利型营销部门之间的差异。成功的领导者一方面需要在正确的时机展示其合适的特点；另一方面，他还需要深入地了解个体、团队以及组织文化。

在本书前面的章节中，我们曾经提到过领导力是一门关于如何做真实的自我的学问。既然这样的话，我们为什么还要费这么大的劲儿去了解组织文化呢？答案是：那些领导者之所以能够成功地展示自我，是在一个必要的前提之下的，即他们必须首先接受和适应组织的环境。他们是真实、可信的，并且充分利用了他们自身的内在差异。但在成功地做到这些的时候，他们也注意到了组织文化背景的限制，同时做到了与其保持足够的协调一致。

成功的领导者必须具有理解组织文化的能力，并且要做到与其保持足够的协调一致，要被员工接受从而成为组织的一部分。尤为重要的是，他们在做到这些的同时，没有丧失其真实性。他们将真实的自我融入到组织的环境中去，并且能够尊重（至少是容忍）组织中已经存在的文化。

历史上的亚历山大大帝就是这样的一个例子。他在征服其他国家之后，总是会保留当地民族的许多传统。这就意味着他更容易被接受为统治者（领导者）。与此类似的是，罗马帝国的地方统治者对于他们所占领的领土上的当地风俗习惯也都是持宽容的态度。[10]

以现代的组织观点来看，如果领导者没有作出必要的调整，将会导致组织文化对他的排斥。与此同时，领导者也存在过于顺从环境的情形，这将会导致领导者失去真实的自我，有被组织同化的危险。那么，成功的领导者如何才能实现这二者之间的平衡呢？

领导者应该保持真实的自我（通过自我展示），因为他们了解自己，了解自己的优势和弱点，了解自己的才能和缺陷。但从本质上说，这还是不够的。在我们的生命历程中，我们经常会遇到新的情境。成功的领导者能够有效地处理这些生活中经常出现的新情境。

有时候，我们会对某人的出身感兴趣，因为这可以帮助我们更好地了解某一个人。了解某人的成长经历可以让我们更好地认识他的现在。例如，我们曾与美国一家著名的化学公司的经理共事了许多年。他在面试新员工的时候，总是从下面的问题开始："告诉我，你是如何成长为现在的你的？"他对于那些能够解释员工成长的复杂因素永远有着浓厚的兴趣。

我们对于该过程的理解最初是通过观察经理们的社会流动行为得来的。通过我们在商学院的研究，以及对组织机构的直接调查采访，我们建立了一个相关的模型。该模型从人们的组织生活经历以及他们不同的反应出发，可以更好地解释人们的社会流动行为。我们称其为FPT三阶段模型。

有些人对于他们的目标太过敬畏，以致不敢去做，这样就失去了成为领导者的最起码条件。另外一些人会尝试模仿他们所遇到的新的社会背景下的传统，这样会使他们显得不够真实，同时失去了他们的领导力。适合做领导的人既能够保持自己的真实性，同时又能根据所遇到的新环境作出必要的调整。

隐藏在该模型之下的关键概念是文化资本。这个概念来源于法国社会学家皮埃尔·鲍迪(Pierre Bourdieu)的研究。[11]他认为：正如不同的社会群体所获得的社会资源是有差别的一样，它们对于最佳文化形式的掌握程度也是不同的。因此，在艺术、文学、教育、时尚等领域，具有统治地位的社会群体有权力对最佳文化进行定义；他们甚至可以利用这个定义筛选出缺少这种文化资本的那些人。

这是一个复杂的论点，但是我们已经意识到了它的经常出现。当人们深入到组织生活的时候，他们会很自然地遇到文化资本的支配形式。有些人能够掌握它,有些人则不能。下面这些例子为我们理解这些概念提供了必要的帮助,尽管它们不是那么知名,但毕竟这是我们的第一手观察资料。

僵化不变

比尔是一个出色的电气工程师。他最早是从电气技师的实习生开始的。由于工作努力,能力突出,他很快就被宾夕法尼亚州的一家大型公用事业公司相中了。该公司的人力资源部门劝说(颇费了一番口舌)他去大学进修电气工程专业,公司可以资助他在大学期间的学费。最初,他很不适应大学的生活。同学的背景与他的背景相差很大,有的还是从国外来的留学生。但是,通过努力,他的聪明才智很快就展现了出来,并引起了老师们的注意。这给了他与同学们同等的地位,并且他还时常去帮助那些不如他的同学。

最终,比尔以优异的成绩从大学毕业,公司非常欢迎他的归来。此时,他已经和他青梅竹马的女友结了婚,生活非常美满。我们第一次与他相遇时,正值他被公司评定为拥有高潜力的年轻人之际。我们同他一起共事,也发现了他的潜力。他努力培养自己的战略管理能力,虚心学习处理人际关系的技巧,很快就融入到了组织中。他的主要工作内容是项目管理;在安排工作和领导团队方面,他也做得很出色。他的技术能力和坦率真诚是他最大的领导力优势。

然而,在他步入公司总部担任公司高层领导的咨询顾问之后,事情开始变得糟糕起来。人力资源部门一直把这个职位当做公司主要高层领导的后备人选。但是，在公司总部生存需要政治技巧。比尔发现他坦率的谈话风格使他在公司总部步履维艰。由于不能完全理解公司的复杂情境，比尔很难扩大其自身的影响力。他开始对自己的能力产生了怀疑。比尔也曾尝试过改掉他坦率的处事风格，但是却始终难以适应这种政治行为方式。他开始感到迷茫。

后来，我们又见到过比尔，那时的他已经是公司里一名相当重要的领导角色。我们认为他肯定做得不错，但实际情况并非如此，他的自我认知能力已经不复存在了。他经常因自我怀疑而苦恼。或许他根本不应该担任领导职务，或许工程师的角色更适合他。他迷失了自我，行为举止变得难以捉摸：有时候他会试着去理解政治，而此时他的行为优柔寡断；而当他试图尽力找回当初坦率真诚的自我时，他又会突然爆发出明显的侵略性。

他现在仍处在那个位置上，很可能将来也不会有更大的进步，因为他已经失去了展示自我的技巧和能力。他发现自己处在了一个不能做真实自我的社会环境中。

急于迎合

与比尔的例子作为对比，下面我们来看一下格雷厄姆(Graham)的例子。我们第一次见到他的时候，他是波士顿一家营销公司的销售员。他对该工作极富热情，虽然他采用的营销模式并不新颖，只是面对面的推销方式，但是他的销售业绩非常好。我们与他的关系一直很好，因为我们在体育方面有着共同的爱好，经常聚在一起一边喝啤酒，一边聊天。他非常聪明，只是他直率和富有活力的处事风格与他周围礼貌友善的工作环境有点冲突。我们希望大家能给他成长的时间和机会，因为像他这种富有活力的领导风格正是组织所需要的。

格雷厄姆从销售部门转向了营销部门，然后做了一段时间的工厂生产人员，最后又回到了公司的营销部门担任了一名高管。我们对于他如此频繁的转换感到很惊讶。他的存在不但没有威胁公司温暖惬意的组织文化，在一定程度上还巩固了该文化。他讲话的方式与原来相比有了细微的差别，不再那么直接；在他作出选择之前，会经过慎重的考虑过程。对于此时的身份地位，他感到十分满意。他甚至跟我们说，相对于当初喧嚣嘈杂的市场环境，他更喜欢公司办公室里静谧的环境。我们不禁问自己，这还是当初的格雷厄姆吗？很显然，他已经变了；我们尝试跟他谈论曾经的最爱——篮球，可我们发现他对体育的激情早已荡然无存了。

当然，要解释他的这些改变并不是一件容易的事情。一种观点是格雷厄姆不过是成熟了，他的新经历加深了他对于公司文化的理解。对此我们持不同的观点。在他试着融入公司文化的经历中，他同时失去了当初使他得以成功的自我。他努力尝试迎合别人，反而失去了本身那些与众不同的个体差异，而这些差异正是构成他领导才能的重要部分。

上面这两个例子向我们展示了两个人的不同经历：一个是没有让自我适应环境；而另一个适应了环境，却迷失了自我。这两个人有才能吗？有，只是在成为组织的领导者之后，没有作好相应的转变。下面是另外一个例子。

凯文(Kevin)在一家大型的酿酒公司工作——事实上，它是世界上最大的酿酒公司之一。他是一位科学家，主要研究酿造工艺中的发酵过程。这在酿造工艺中是非常重要的一个环节。他是一个害羞、内向的科学家，但他与公司的其他科学家保持了良好的关系。并且公司中很少有人能够与他的专业知识相匹敌，也很少有人能像他那样对该专业有如此强烈的兴趣。所有与他共事过的人都能够感觉到他的专业能力、他对公司的忠诚，以及他对公司产品的热忱。他这种对于某一主题几乎天生的热情是相当可观的领导力资本——至少是在研究领域。

凯文成功地改良了酿造工艺，这使得他引起了公司广泛的注意。他也因此被公司提拔为产品开发部门的高层领导。在这个部门里，他的很多同事都来自于公司的营销系统。在酿酒企业中，这个部门往往被那些性格外向的人控制着，他们通常都喜欢体育和喝酒。

在这个崭新的环境里，凯文就像一条离开了水的鱼一样。他变得越来越孤立，也更加内向。他的业绩也下滑了。如果要对新产品的开发过程施加一定影响的话，他必须要去跟那些熟悉市场的人员保持良好的关系。然而这对他来说是一个难题。他开始讨厌同事们那种热情洋溢的氛围。同样，他的同事们也认为他很沉闷。由于凯文不能获取足够的社会能力来与他的同事相处，他的职业发展在此受到了延迟，他也开始寻求离开公司，另谋出路。

理解真实性的真谛

最后这个例子发生在我们原来的一个学生萨拉身上。她聪明好学，勤奋努力，很讨同学和系里老师们的喜欢。萨拉来自英国一个偏远的地区，口音独特，但不时尚。大学里的老师认为她在将来的工作中必定会成为一个炙手可热的人才。然而，她没有选择当时流行的咨询顾问或是投资银行业，而是选择了一家知名的快速消费品公司。在这家公司的市场营销部门，她取得了非凡的成就。

所有的一切似乎都很顺利，然而日益增加的国际出差旅行构成了她主要的工作内容。后来，她被调往公司的中心机构部门。我们一直跟她保持着联系，看着她的领导力如何在成长。萨拉不会放过任何一个机会拓展她的能力，我们也很骄傲地看着她日益成长为组织的中坚力量。然而，她的行为还是出现了细微的改变。她总是拥有某种使人镇静的力量，并且在她身上加上了一种威严的感觉，却不张扬。

后来，她轻松地进入了公司的董事会，公司的几位 CEO 都把她看成是可以信赖的顾问。萨拉努力提高自身的价值，也赢得了公司对她的器重。然而尤其可贵的是：她从来没有丢失真正的自我。尽管由于经常出差的缘故，她的口音变得更加柔和，但依然还是那样独特。她也还是跟原来一样开心。事实上，她经常会做出一些让人吃惊的举动，尤其是在她收集信息的时候。她在员工中间和在业界都很好地保持了自我。与此同时，她也轻松地跟公司的环境融合在一起。就像其他成功的领导者一样，她与公司环境保持了充分的协调和一致，确保了自身的影响力，同时实现了自己的目标。然而，她仍旧保留了机智诙谐的言行。这是她真正的自我，但与此同时，她好像在不时地欣赏自己，对她所取得的成就有很强的满足感。那些在她手下工作的人有时候会一针见血地指出：尽管萨拉做得很公开，但还是有点令人捉摸不透。

充分地适应

上面例子中的萨拉做到了充分地适应环境。她已经意识到：只是展示真实的自我还不足以构成完全的领导力。成功的领导者不仅需要做到展示真实的自我，还需要做到充分地适应环境。他们做事坚持原则，但在必要的时候也会作出适当的妥协。他们绝不会单纯依靠层级结构来施加其领导力影响，但是在利用组织层级结构施加影响方面，他们也很内行。

下面，我们来分析著名的快速消费品生产厂商联合利华公司的尼尔·菲茨杰拉德的案例。菲茨杰拉德所处的公司属于复杂的网络型组织文化。这种复杂的组织环境需要领导者具有优秀的领导才能。菲茨杰拉德本人具有出色的处理人际关系的技巧，又具备爱尔兰人的聪慧，同时拥有非凡的个人魅力。他了解到联合利华公司的组织文化并不适合专断独裁的领导风格，因此在各种商务场合，他都妥善地适应了公司的环境。多年以后，他为联合利华公司培育出了更为优秀的网络型文化。这使得他在联合利华公司的领导生涯非常成功。

菲茨杰拉德似乎只是完美地适应了公司的这种网络型文化。但事实并不完全是这样子的。他与他的同事安东尼·伯格曼一道，对联合利华公司进行了根本的变革。这些变革主要包括：剔除部分品牌，关注公司利润，获取产品质量认证，以及全面关注业绩增长等。这是一个艰难的改革过程，结果充满了不确定性。然而，不管最终的结果如何，这些都离不开菲茨杰拉德对公司文化的谙熟——不管是该文化的正面或负面影响。

在建立自己的社会网络的同时，菲茨杰拉德还找出了那些阻碍变革成功实施的网络。他知道哪些人是他变革的热情追随者，哪些人是隐藏在他背后的沉默的敌人。最终，他既成功地保持了真实的自我，同时又做到了环境要求他做到的必要改变和适应。

领导的本质

比尔·伯恩斯是另外一个例子。他先后在罗氏制药公司的欧洲总部、美国总部以及日本总部担任重要职位，因此对于公司的网络型文化有着更深刻的理解。正如他所坦承的那样，他需要针对具体的环境对自己的行为进行调整。譬如在日本和美国不同的公司文化环境下，他就需要采取不同的行为方式。然而，尽管需要作出这么多的改变，他始终没有脱离他所宣称的“可识别带宽(a recognizable bandwidth)”，没有脱离本质的比尔。当我们跟比尔的同事谈起他时，他们在称赞他对产品缺陷所拥有的锐利眼光的同时，也都对比尔的热心、体谅、庄重赞不绝口。

葡萄牙Sonae公司的创始人贝尔米洛·阿泽维多(Belmiro de Azevedo)管理着一个与伯恩斯截然不同的组织环境。他为公司树立了一种独特的精英文化。

现在，贝尔米洛已经六十多岁了，但他仍然喜欢玩壁球和足球，经常去公司的体育馆作运动。他对于在这种文化里应该采取什么样的行为有着准确的判断：了解自己，在没有深入地了解问题之前不要轻易地表述自己的观点，要能够作出强硬的决定。所有的这些使他听起来似乎很冷漠且难以接近，但这完全是对他领导风格的误解，也是对他所具有的个性和真实性的误解。这一点可以从下面这个事例中体现出来。每年，他都要跟他的朋友们到位于葡萄牙北部的杜罗河谷度假。这些朋友都是曾经跟他一起创业的伙伴，或是年轻时的知己。这样的度假是对于过去的缅怀和庆祝，是对于他如何实现现在的成就的回顾。每当此时，他会重游父母的旧居，品尝故乡的美味，欣赏当地传统的舞蹈——所有这些都充满着温情。贝尔米洛不仅懂得如何在Sonae取得成功，而且没有丧失自我。

当琼·汤姆琳在玛莎百货公司担任人力资源总监的时候，她打算长期呆在公司那种亲密甚至有些传统的共有型文化中。这种文化历来需要人们具有较高水平的一致性——不仅在行为方面，也在价值观方面。这对她是一个巨大的挑战。面对着在激烈的竞争下她所作出的变革承诺，她需要首先树立和践行公司的核心文化。这意味着在公开的场合下她承认了公司关键的价值观和现行的行为方式。

琼告诉我们，当她接受一份新的工作时，在头三个月她只会向员工展示50%的自我，并且是逐渐地展示。在与人的交流中，她坚持“真诚交谈”的理念，从而“刺穿表面的虚饰”。当然，她也面临着巨大的挑战：一方面，她需要对公司的组织文化热烈拥护；另一方面，她还需要保持一定的距离。琼帮助公司度过了变革的难关，并且变革的过程仍在继续。然而不可否认的是，在建立已久的共有型文化中进行变革是一件非常困难的事情。面对着来自于股东和潜在破坏者的不断压力，琼继续前进。她身边的环境早就又一次发生了改变，并且正如我们不断强调的那样，领导者常常需要冒一定的个人风险。

独一无二的你

这些问题并不是为那些保守的组织或是迷宫似的跨国公司所独有。同样的领导力挑战也可能出现在其他共有型文化的公司中，像苹果公司、惠普公司、强生制药公司，以及著名的游戏开发商艺电公司等。

例如，在艺电欧洲公司，戴维·加德纳的继任者格哈德·弗洛林(Gerhard Florin)面临着巨大挑战。在竞争激烈、风云变幻的市场环境下，格哈德一方面要巩固好公司的商业价值；与此同时，他又要维系公司原有的人文价值观。作为一个德国人，前麦肯锡咨询公司的著名顾问格哈德与来自于加利福尼亚的艺电公司创始人戴维·加德纳截然不同。很明显，格哈德不是戴维，他必须利用自己的独特优势带领公司继续前进。与此同时，对于公司原有的团队精神、鼓励创新、个人自由等价值观，他也必须谨慎对待。他明白，如果没有这些，他不可能获得变革所需要的助力。

在专业的服务类公司，居于统治地位的文化往往是个人主义和分散型文化。此时领导者所面临的挑战又有所不同了。以普华永道会计师事务所(Pricewaterhouse Coopers)的英国区总裁伊恩·鲍威尔(Ian Powell)为例。这家全球性的会计师事务所单单在英国就拥有45家分支机构。要想成功地领导这样的公司，领导者要么具备前沿的技术知识，要么拥有出色的企业家才能，最好是两者兼有。

鲍威尔非常希望能够对公司的文化进行变革——建立一种人与人之间紧密相联、重视业绩的企业文化。在这样的文化下，公司可以赢得更多的商业机会，共享知识，提高创新水平。为了达到这个目的，他开始了一系列首创的组织文化开发活动。然而，鲍威尔首先需要证明自己的领导才能。

在这样的环境中，鲍威尔需要向他的同事们展示他的领导才能。例如，在英国MG罗孚(MG Rover)汽车集团与上海汽车公司合并失败之后，他接手了MG罗孚公司。此时，他必须向公司内部以及外部相关人士展示这是一笔有价值的交易。即使当他开始对公司的文化进行变革时，他也始终没有忘记展示自己对市场敏锐的嗅觉。另外，他为公司树立了新的行为规范，并融入到公司原有的文化中。他训练、指导、建构他的团队，使其成为一个重视绩效的团队，却没有丧失自我。

跟专业的服务公司一样，博物馆往往也是由高度个人主义的专家支配着：馆长、科学家、研究人员等。这也导致了其文化必定是分散型的。个人的甚至是自私的行为将成为该组织文化的主导。新委任的大英博物馆副馆长唐·奥斯特维克（Dawn Austwick）对她在新到任时所遇到的事情就感到很震惊。“人们似乎已经习惯了被忽视。他们从你身边走过，但好像对你熟视无睹。我试着向他们强调员工之间应该互相打招呼，比如说道声‘早上好’之类的行为，他们竟然感到很震惊！”

已经身负600万英镑巨额债务的大英博物馆此时所面临的可不只是社会礼仪这样的问题。但是她决定谨慎对待，并不急于进行大刀阔斧的改革。“博物馆在许多传统礼仪上安排得都不够合理。博物馆有一项已经实行了250年的老规定：所有的管理者每个星期六都要举行一次聚会，而会场的中央摆放着一柄象征权力的权杖……这个权杖背后则隐藏着公司重要的价值观。许多顾问和咨询师可能会倾向于轻率地给出建议——‘把它拿走’；但是，绝不能这样做：过犹不及，过于迅速的变革往往并不能产生预期的效果。你也不能通过颁布法令的方式来做。你必须了解哪场战争是你必须要进行的，什么时候应该慎重，什么时候应该等待时机。”

在这以前，唐曾经负责筹建过泰德现代博物馆（Tate

Modern)——当代英国著名的公共服务机构之一。因此，她有着丰富的项目管理经验。对于大英博物馆的亏损，唐有清醒的认识。经过一年的努力，在 2002—2003 年度的财务报告中，大英博物馆实现了 170 万英镑的赢利。现在，她和她的同事们正在朝着下一个目标而努力。

男性和女性的领导力

所有的这些例子都向大家表明了：领导者在致力于改变自身处境的同时，也在努力地调整自己，适应环境，实现自己的领导力。他们既做到了保持和展示他们真实的自我，同时又对自身所处的环境进行了充分的适应。正如沃伦·本尼斯所诠释的：

> 领导者最初的行为非常关键，它可能会赢得大家的支持，也可能会导致大家跟你作对，有时候它产生的影响甚至是永久性的。因此，对于新手来说，低调地进入将是最好的选择。这会给你充分的时间收集公司信息，发展与员工的关系。同时，它赋予你了解组织文化的大好机会……可以向大家展示你是一名领导者，而绝不仅仅是一名发号施令的人。[12]

领导角色中的真实性并不仅仅意味着做你自己，它还必须包括能够在领导者的各个不同角色之间保持连贯性和一致性。尤为紧要的是，领导者必须要坦然面对自己的出身，要正视自己的目标。我们可以这样来认识领导者的真实性，即它包括自我认知、一致性以及连贯性这三个要点。但是仅仅依靠真实性是不够的。

或许，我们目前所看到的最好的例子是日本公司里的第一位女性财务经理。她是一位日本人，但在美国的制药企业有着广泛的经历。她也是一位神奇的富有变革精神的领导者（使日本的会计实践现代化，发现新人才，扰乱了日本公司传统的男性文化），但是她在日本的社会背景中恰到好处地扮演了一位日本女性的角色。每一个人都知道她可以做得很强硬，但是她没有，而是充分地适应了主流的日本社会环境，以实现她的目标。她的事例体现了施展领导力的技巧和细微之处。

对领导者来说，要想对组织实现真正的影响力，他们必须实现一种"牵引力"。他们必须融入到组织生活中，引领必要的组织变革。因此，在领导者真实性的三个组成要素（自我认知、一致性、连贯性）之上，我们将会加上第四种要素：在必要的程度上机智地适应环境。

第六章 社会距离的控制

成功的领导者能够有效地激发员工情感、忠诚度以及相互间的关爱。他们跟员工分享共同的情感经历，与员工保持良好的关系。然而，他们也能够传达出一种威严，提醒员工注意自己的工作，注重集体的共同目标。这样做可以使领导者与员工之间保持合适的社会距离：既与员工保持紧密的联系，在某些时候，又保持一定的距离。[1]

里克·多比斯在音乐界以他所能激发出的忠诚度（甚至是爱）而闻名。多比斯很少会失去那些他想留住的经理人员。多比斯跟员工之间保持了良好的关系，员工工作上的良好表现会得到他的表扬。对于这样的表扬，员工引以为非常自豪的奖赏。他对社会距离的把握可以通过下面这件小事体现出来。一次，他的两个员工被委派去伦敦参加一个全球市场会议，但是他们没有按时作出一份市场计划，为此多比斯严厉地批评了这两个员工。这使他们感到有些吃惊。然而更令他们感到吃惊的事发生在当晚的鸡尾酒会上。当多比斯看到了这两个员工也在时，他走向这两个人，声色俱厉地问他们是否已经把计划完成了。当得到否定的回答时，他们两人被赶了回去。在这个休闲的时间里，他们毫无怨言地回到了办公室继续工作。

苛刻的爱

本书的一位作者曾经在20世纪90年代的宝丽金公司跟多比斯共事过，并且有幸亲身领教了多比斯对待员工的方式。一次，里克要求加雷思为东欧的公司准备一份服务合同。当加雷思被叫往里克的办公室时，他还没有完成这份合同。毫无疑问，里克没有昔日的客套和风趣，只是一句："合同完成了吗？"结果是加雷思径直又回到办公室继续工作，合同最终在午饭前赶了出来。这种态度是非常有效的，加雷思对此并不觉得恼怒。里克是一位出色的管理者。后来，当加雷思不为他工作的时候，他们仍然保持了良好的朋友关系。

多比斯自己倾向于认为他的这种性格是一种缺陷。他告诉我们说："我知道自己本身有一种倾向，会很快地从积极的方面向消极的方面转换。"有人甚至建议他为双重的性格而接受药物治疗。尽管如此，他仍然认为只要他与员工之间的联系是建立在信任、尊重和关爱的基础上，他的员工就能理解他情绪不好时的那些表现。"如果那是一个足够好的关系，我能够处理好，不会感到关系被破坏掉。然而，我也很清醒地认识到我在这方面上存在问题。"

事实上，里克·多比斯的"问题"正是那些具有真实性的领导者不可缺少的技巧。

创造距离

社会距离的概念最早起源于在德国出生的社会学家乔治·西美尔(Georg Simmel)。在20世纪早期的著作中,乔治把社会距离阐释为一种复杂的社交活动,是一种几何意义和比喻意义上的距离形式。[2]在现代社会科学中,它越来越被看做是一种衡量组织和个体之间的亲密度的方法。这种亲密度直接影响组织中个体之间的关系。

如今,对于社会距离的熟练把握已经成为成功的领导者必不可缺的要素之一。例如,组织中的等级结构日益扁平化,这一方面是因为成本控制方面的原因,另一方面主要是为了应对客户的需求以及市场环境的改变。过去,层级总是比结构的设计更为重要。它对企业的员工来讲一直是意义之源。[3]级别上的升迁让人们错误地认为领导力也同时得到了提升。那些组织中的高层领导主要是依赖层级结构的支撑树立一定的社会距离,并且以此保护自己的特权。[4]

如今,那样的日子已经过去了。有时,领导者需要一定的社会距离以巩固自己的想法,为组织的未来构建足够好的蓝图;有时他们也需要跟员工保持紧密的关系,以了解员工在组织中的真实想法。他们不能只是依靠组织的层级结构来实现自己的领导力。

这种对于距离的掌握更像是一种舞蹈,领导者对时机的掌握是以准确的情境感知能力为基础的。领导者需要不时地调整这种关系，以实现自己的领导力。这种距离的平衡对任何一个领导者都是不一样的。这也解释了为什么领导学的类型理论很难分辨出哪种领导类型是最好的。

另外需要指出的一点是，社会距离的大小要随着组织文化而变。例如，在像喜力啤酒、联合利华或是普华永道这样以友好交往型的企业文化中，如果设置一定社会距离的话，那将是行不通的。同样，在像玛氏、宝洁这些以任务为导向的团结一致型文化中，如果你过分地强调成员之间的紧密联系也将会是十分危险的。

友谊和领导力

在乔治·霍曼斯的著作中，曾经提到过社会科学的另一个重要方面，[5]那就是：那些具有相似性的人之间更容易相处。这也是成语“惺惺惜惺惺”的道理。

然而，作为一名领导者，他们却可能跟任何类型的人打交道：相似的或是不相似的。领导者必须能够控制好在复杂的环境下与不同类型的人员之间的社会距离。从任何一个角度来说，领导力都不应该成为一种友谊竞赛。领导力和友谊之间具有联系，只是因为领导者需要抛弃或是隐藏他们与普通员工之间的不同之处，以使团队能够有效地工作下去。然而，领导者也必须适当地保持与员工之间的距离。

“亲密”可以用多种方式来表达——常常因环境或背景的不同而不同。在某些情况下，这样的距离不能太大。例如，我们可以设想一群具有相同背景的职员在一家小广告代理公司共同工作的案例。在这样的背景下，领导者需要建立起的共同专业兴趣的范围可能会很大。因此，他所面临的挑战是与员工建立起社会距离。

在其他的环境下，领导者所面临的挑战可能恰恰相反。我们可以考虑下面这样一个情景：一名美国妇女想在日本建立一个连锁销售网络。在这个案例中，这名美国妇女就需要一个足够大范围的社会距离——至少是在组建之初需要。或许，更大的挑战是她亟须跟员工建立一种亲密的关系。在美国与日本的社会文化差异如此巨大的前提下，这种认同感最好是通过设定共同的目标和利益这一渠道来获得。然而，要想再进一步建立更为友善的关系就有些困难了，或许从文化的角度上来说根本就不合适。

最后，这里还有一个更为复杂的地方：虽然社会距离的概念对于人类关系已经普遍适用，但是亲密或是疏远的具体程度还是因文化的不同而不同。比如说，某种关系在东京可能看做是“亲密”，但是在伦敦、纽约或是班加罗尔，这种关系可能就不能称之为“亲密”了。这是使得领导力在置身于国际背景下将面临更大的挑战的又一个因素。

友好程度的把握

与员工保持亲密的关系可以给领导者带来两个重要的好处。第一，它可以使领导者更为清楚地知悉和了解他们的员工——这是成为一名成功领导者的先决条件。第二，它可以使员工更为清楚地了解他们的领导。通过与员工保持亲密的关系，我们可以更好地展示我们真正的自己。这也为我们展示自我的优势和弱点提供了必要的机会。

根据我们观察的资料所显示的，成功的领导通常会以此作为展示自我的机会，但是在另一方面却显得令人难以捉摸。他们会展示自我的与众不同之处和弱点，但是却从来不会完全地展示。我们需要意识到的重要一点是：情感有时是需要被隐藏起来的。要想拥有有效的领导力更多的是要克制自我的情感，而不是暴露自我的情感。

跟员工保持一定的距离也能给领导者带来不同的好处。首要的一点是领导者可以以此向员工展示他们的全部目的。在本质上，领导力不是我们的目的。我们可以回想一下理查德·赛克斯谈论 DNA 链时的情景，或是约翰·莱瑟姆在为全体学生创造积极的教育环境这一问题上的坚定信念。回想一下马西娅，我们在第一章所介绍的那位波多黎各裔美国妇女，她对于她的本职工作是多么地热爱。她的员工总是能够了解她的立场以及她的行为的目的。

一般来讲，领导者总是拥有一个较高的目标。跟员工保持一定的距离可以使领导者与员工在完成这一目标的基础上建立团结一致的行动。成功的领导者在巧妙地做到这一点的同时也完成了这样的目标：赚钱，建造美丽的大楼，消除人们的病痛，制作出精彩的电影等等。

距离的偏好

所有的领导者都或多或少地具有某种与生俱来的偏好

选择:他们或是偏好与员工保持亲密的关系,或是偏好与员工保持一定的距离。

法国前总统戴高乐就更为倾向跟下属保持一定的距离。他认为:一名领导者如果没有声望,就不会有权威;而如果不与下属保持一定的距离,则不会有声望。美国前总统理查德•尼克松(Richard Nixon)曾经这样描述他:"不管我在什么时候遇见戴高乐,公开场合或是私下里,他总是给人以某种尊贵的感觉。人们对他的坚定支持使得他得以保持这种疏远的距离……在他同其他国家的元首打交道的时候,他总是显示出很随意的态度;但即使是跟他最亲密的朋友在一起的时候,他也从来都表现得非常正式。"[6]

为了保持他的神秘性,戴高乐避免与他的同事建立起友谊关系。据说,为了避免与他身边的职员产生太亲密的关系,他会不定期地变换他们的工作岗位。在外交场合上,他总是彬彬有礼;但他的家庭却一直是其乐融融的气氛。

戴高乐的领导哲学仿效了波斯人的传统:在领导者与被领导者之间应该建立一种合适的距离。在他的《剑峰》(*The Edge of the Sword*)一书中,戴高乐曾经提到过领导者需要创造和保持某种神秘感。"首先,也是最重要的,如果没有神秘性,你可能不会有声望,因为太过熟悉的关系容易滋生他人对你的轻视。所有的宗教都有他们自己的英雄,然而对于这些人的贴身仆人来说,没有人可以称为英雄。领导者的谋略、举止风度以及心中所想必须保持一定的神秘性,这使得其他人不能完全看透,感到迷惑,因而也能够吸引被领导者的注意力……孤独、寂寞的压力等等与领导者常伴左右，这些对常人来说难以忍受。”[7]

留意与员工的隔阂

BBC 广播公司前任总裁约翰·伯特(John Birt)同样倾向于跟员工保持一定疏远的距离，这使得他对他所热爱的广播事业拥有了变革的洞见。然而，他在控制社会距离的方面做得并不好，因为他很难与自己的员工建立亲密关系。于是，他很快失去了与自己公司的那些有才能的员工之间的联系，转而完全依赖公司外部的建议。大家都认为伯特是一个孤僻的人，他也从来不与员工交流工作上的事情。在伯特对公司的例行视察中，他总是身穿名贵的阿玛尼，只是与部门主管说上两句。

当伯特提出要对 BBC 的公司机构进行大刀阔斧的改革时，除了董事会人员之外，几乎所有的公司员工都感到非常吃惊。这是请著名的麦肯锡咨询公司所作的改革计划。公司内部掀起了反抗这次改革的浪潮，然而公司外部的人士却普遍认可这个改革计划，认为它的实施可以使 BBC 公司得以从容应对这个变革的时代。

伯特对社会距离的一贯态度使得他难以跟公司的骨干管理者进行必要的沟通。他不能找到得以展示自我的环境，使他真正的领导力资本完全显露出来，率领公司向前迈进。

上述这个案例具有明确的意义：如今，组织中的很多领导职位上都有一些性格内向的人，他们与员工之间建立紧密的联系是很困难的。[8]内向的人需要足够的时间与员工建立紧密的联系，展示自己的与众不同之处，然而问题的关键却在于：时间的供给总是短缺的。我们需要对这些性格内向的人予以领导力方面的指导。

情感上的不连贯

糟糕的是，太多的领导者过分地强调了社会距离的概念。我们曾经对位于北卡罗莱纳州三角研究区的一家制药公司作过调研。那个公司科研机构的团队领导是一位女性，她被看做是公司里最有才气的年轻研究员，一位充满活力的领导，一个纯粹的好人。她善于跟员工保持亲密的联系，但是她在跟同事一对一的场合下，她转变得有些唐突。有时候，她做得过于公正坦率，这有可能对员工造成伤害，尤其是对那些比她年长的人。她还没有弄懂"带宽"这个概念的含义——领导者的变化必须要得到员工的认可和接受。因此，尽管她的行为真实而可信，但是她对于距离的转变却引发了重大的问题。[9]

另外有些领导者根本不去考虑社会距离的问题。每当进入办公室的时候，他们往往把自己的情感抑制起来，就像是在泰勒主义（Taylorism）盛行的年代，工人们被要求做那些程式化的固定工作一样。在纽约，我们曾经与一位奢侈品零售商的经理共事过。她是一位真诚而热心的意大利裔美国人，但是她却是一个过度关注绩效的人。她的员工认为她是一个孤僻、无情、难于共事，并且有一点残忍的人。我们为她作过一次全方位的调查，反馈的结果显示：如果她能够在工作中表现出多一些人情味的话，她的领导效果将会大大改善。她说："我把这些情感都留给了我的家人。"然而作为一名领导者，这样的决定代价太大了。

她的案例阐释了为什么情感智商能够在领导层中产生如此巨大的共鸣。丹尼尔·戈尔曼(Daniel Goleman)成功地利用了自己的情感释放了员工的能量。[10]当然，要想"利用"你的情感，你必须要了解它们。有些人一路前进，然而当他们做到组织上层的时候，却往往因情感的问题而阻碍了他们的进一步晋升。有时候，代价是如此巨大，以致他们连重新进行情感联络的机会都没有了。这样来看，工作中流行与压力相关的疾病就不再令人惊讶了。[11]

把握距离的时机

一般而言，领导者往往通过会见时表现出的行为举止发出与员工保持何种距离的信号。当他们打算跟员工建立某种疏远的距离时，他们的语言和举止会表现得非常正式；他们还会试图使员工接受"这里是他们说了算"的观点；他们利用尽可能多的信号机制向员工确立他们的权威，并且确保他们传达的信号是一致而连贯的。在传递的阶段，要尽可能地保持信号的简短、直接以及权威性。要避免使用像可能、应该、或许等这样的不确定性的词语，而应该尽量使用主动语态和人称代词。它还应该包括利用沉默的力量，以及避免谈论那些旨在消除社会隔阂的通俗话题。[12]

要跟员工建立某种疏远的距离，领导者还可以采用下面这些虽然略显笨拙但却行之有效的方法。在迪尔伯特（Dilbert）的漫画里，很多领导者的办公室门窗永远都是关着的，而且他们还有私人保镖、私人餐厅和洗手间，以及门前的专有停车位等等，这些都是领导者与员工建立某种疏远距离的具体方法。

与员工保持一定的距离有时还是非常有必要的。当里克·多比斯面对那两位办事拖拉的员工时，如果他仍旧是和颜悦色的话，那才更加令人吃惊。一定的距离可以强化领导者所传递的信号。当领导者在处理管理绩效的问题时，一定的距离非常有用，并且通常是不可或缺的。

20 世纪 90 年代，喜力啤酒公司的 CEO 卡雷尔·洼斯汀（Karel Vuursteen）的经历可以为我们提供丰富的借鉴。喜力公司是世界上仅次于安海斯—布希（Anheuser-Busch）公司的第二大啤酒生产商。但是它的业绩却已经开始出现下滑，并且公司的友好交往型文化以及家长式的管理手段在公司里滋生出严重的自满情绪。那时候，我们（本书的两位作者）正好在为喜力公司筹划引入“新喜力精神”的项目。这种精神旨在促使公司更多地以市场为导向，更具有进取心，更加关注企业利润的增长等等。

这种“新喜力精神”与喜力公司的友好交往型文化格格不入。当洼斯汀宣布这一揽子改革计划时，他引起了大家的注意。洼斯汀身材高大，外向，好与人交往，并且富有幽默感。然而，他在喜力公司第一个月的所作所为却全然不是这个样子：正式，有板有眼，每一句话都会把他的下属吓得要命。他的办公桌后面悬挂着一幅画，内容是一群在海里游泳的鱼，每条鱼都代表着一家啤酒公司，其中一条代表喜力公司。在该幅画的边缘上，有一个巨大的隘口，什么都没有标。洼斯汀就在这幅画的前面跟他的员工们谈论鱼和市场份额的竞争等话题。不可避免的，有员工会问那个巨大的隘口代表什么。他慢慢地走到前面，用低沉而有力的嗓音说："安海斯—布希。"（正如卡雷尔·洼斯汀所做的，降低音调是很多领导者都喜欢采用的一种有效的社交技术。）

在喜力公司是属于家族拥有的背景下，没人担心它存在被接管的可能。但是在洼斯汀引进了十个独立的生产车间之后，很多人都感受到了危机的存在。从那时起，他们开始小心翼翼地经营。这正是洼斯汀的目的。

直到喜力公司的员工意识到他们所面临的潜在威胁比他们预想的要大得多之前，洼斯汀一直保持着这样的社会距离。随着接下来的十年里喜力公司在收入、利润、股票价格等各方面持续不断地增长，洼斯汀开始逐渐地向自己自然的工作风格转变——与员工建立亲密的关系。他在公司的餐厅里跟员工共进午餐，跟员工亲密地聊天，并加入了工会，等等。每一位喜力公司的员工都会告诉你洼斯汀是一位多么了不起的人。事实上，他确实是，但你在开始的时候绝不会想得到。

增加客观性

当领导者意欲在一个复杂且牵涉面广的问题上有更好的洞见，一定的距离也是他所需要的。领导者需要关注组织中所有股东的利益，如果领导者对于股东之中的任何一个团体过于亲密的话，他将不会有太大的作为。公司组织内部的情境往往极为复杂，如果领导者要想有所作为，就必须正视它们，千方百计地了解它们。保持一定的距离或许是认清全局的唯一道路。

尼尔·菲茨杰拉德在联合利华公司的早期经历或许可以给我们提供一定的借鉴。当时，公司正在研制一种新型清洁剂，以跟宝洁公司推出的新产品——“汰渍”品牌系列——竞争。但是，在产品推出的过程中却出现了问题：衣物在经过他们的新产品的洗涤之后，会出现一些小洞。这样的问题不断出现，即使是在联合利华自己的检测中也是如此。但不知何故，公司的开发团队似乎忽视了这个事实。这个团队应该对这个项目负责，但是菲茨杰拉德仍旧决定支持他们。

不久，宝洁公司也对联合利华提出了警告。因为宝洁公司亲自检测了联合利华推出的新产品，发现这种产品确实对衣物具有破坏作用。他们担心联合利华这种清洁剂的失败会给他们的“汰渍”带来影响。联合利华的这种新产品的确会破坏衣物。这对联合利华公司来说，完全是一个灾难性的打击。

再回顾起这件事时，菲茨杰拉德知道他跟他的开发团队太过亲密了，代价是如此巨大，损害了经销商和投资者的利益，联合利华公司的声誉也因此受到了巨大的损失。“那是一个受欢迎的地方，但是我不应该出现在那里。”现在的他如是说。他认为，领导力绝不是像带领军队只是蹲在战壕里向敌人射击那样简单。有时候，你应该爬到山顶上去，观察整个战场的局势。“我应该跟他们保持一定的距离，”他告诉我们说，“站在顾客一边，为他们的切身利益着想。”

不要太亲密

下面这些事情通常会令人感到恼火：过分热情的售货员直呼着顾客的名字推销其产品；友好过度的女招待向顾客提供顾客本身不喜欢的建议；刚加入公司没几天的新员工大肆鼓吹他们尚没有经历过的团队精神等等。当建立亲密关系的时机还没有成熟或是不可信的时候，保持一定的距离是非常有必要的。

乔治是一名刚从美国顶尖商学院毕业的工商管理硕士。他很年轻，刚 35 岁，并且非常聪明。在刚参加第一份工作的时候，他个人认为：友好、乐于与人交往的性格是成功的关键。为了表明他的友好和乐于与人交往，他经常跟他的同事一块儿出去喝酒，有时候还会喝醉。甚至，他会带他的同事去市区的脱衣舞酒吧。乔治跟公司的每一个人都能合得来。一次，他发现公司一位年长的销售经理从客户那里收取回扣。作为行政经理的乔治需要跟这位销售经理划清界线，但在此时的情形下，要做到这一点几乎不可能了。

当领导者为公司树立一定的目标和游戏规则时，与员工保持一定的距离就成为一个必要的问题。标准、规范、价值观等都需要员工无条件地接受。这些是公司得以运营的基础。这些只有通过早期领导与员工之间适当的关系来有效地确立，一定的距离和规定的程序是必不可少的。

当皮特·戈斯在为英国电信杯帆船环球挑战赛训练船员的时候，他从一开始就确立了一系列的规则。在为期一周的比赛阶段，船员们需要面对巨大的压力，有时候甚至要面临危险；根本没有时间争论该由哪个人去做某件事情，或是如何去做某件事情。每一个人都要去做船长指定的工作，不准推三阻四；否则的话，船上的马桶可能会得不到清洗，舱底的水也不能及时地排出。讨论和争论都是不被允许的。

我们曾经见识过有些领导者预先就把事情说清楚了的——“让我先把事情说清楚，你们以后照着这些去做”。这体现着与员工的完全距离，没有争论或者讨论的余地。一段时间之后，领导者再开始考虑与员工建立紧密联系的问题。对于领导者来说，当要求员工做事的时候，要保持距离；当谈论如何做事的时候，要与员工保持亲密的关系。

亲密的关系

到目前为止，我们着重谈了那些倾向于跟员工保持一定距离的领导者，而另外有些领导者却倾向于跟员工保持亲密的关系。比尔·伯恩斯就是一位更擅长与员工保持亲密关系的领导者。他自己也意识到了这一点：“我会告诉员工我看待问题的方式，他们知道在哪些方面应该跟我保持一致。”伯恩斯承认：“我对跟人打交道很感兴趣。我的记忆力很好。如果有人拍我的肩膀，即使是多年不见的人，我也会很快地想起那些与他相关的记忆。并且，我会尽量帮助人们应付一些复杂的情况，并给出一个最终的定论。”伯恩斯的同事都认为他是一个容易交往，并且可以信赖的人。

不管怎样，伯恩斯的策略非常有效。他制订了一揽子旨在削减制药成本的计划，对公司的组织结构进行了一系列根本的变革。与伯特在BBC公司的改革形成鲜明对比的是，伯恩斯的改革遇到了较小的阻力，并且几乎没有争议。

与距离相比，领导者发现在许多情况下与员工保持亲密的关系反而是一种比较合适的方法。

一个明显的场合发生在团队组建的时候。团队组建需要对团队成员的能力和个性非常了解。如果不与员工保持亲密的关系，领导者就不会知道哪些激励可以起作用，团队组建的任务也将不可能完成。

艺电公司欧洲区的总裁戴维·加德纳是这样组建他的团队的。他把所有欧洲区的员工（几乎有一千人）带往地中海度假村一起呆了四天。加德纳是一名美国人，刚开始他的员工对他表示怀疑，甚至有意与其作对。他们不以为然地说，我们从来不做这样的事情。然而，这次旅行的安排却取得了出奇的成功。第二年这个时候，员工们又嚷着问今年要去的地方。加德纳却说：“哪里都不去。”他告诉他的员工，这样的短途旅行只是为了庆祝成功的，但是公司今年的业绩并没有达到预期。他的回答阐明了关于团队组建的一个更为普遍的观点。当我们在强调“亲密”的作用时，我们也知道单单依靠它是不够的。“亲密”或许可以成为一个必要条件，但绝不是充分条件。成功的团队需要对它的任务和目标保持非常清醒的认识，而这些都来源于领导者的成功领导。

在训练指导或是提供培训的时候，与员工保持亲密的关系也是很有必要的一种行为。一项成功的培训首先需要了解培训对象的目标、动机以及情感，然后才能帮助他们培养自身的能力。

当里克·多比斯登陆欧洲掌管已经做得非常成功的宝丽金时，他的一些朋友都非常担心他能否成功地应对文化的冲击——多比斯的布鲁克林地区背景引起了大家的广泛关注。他并没有急于树立自己的权威，而是聪明地选择了倾听他的新同事的需求，然后再向员工表明自己可以帮助他们。他充分地利用了自己在美国所掌握的技术培训自己的员工，与他们建立亲密的关系——就像是把自己的全部技能都搬到了欧洲一样。

要想理解员工的真实想法，领导者必须准确地掌握员工们的个人信息。他们必须要了解员工的历史、目标以及梦想，甚至对员工的痛苦和失望也要进行深入的分析。他们必须记清员工的姓名，甚至要记清员工的配偶和子女的姓名。他们必须清楚员工心中的目标以及喜欢的消遣方式，以便跟员工分享各自的价值观以及兴趣爱好。如果领导者并没有真正地与员工建立起亲密的关系，他们从员工那里得到的将是员工认为领导者喜欢听的话语。

当加雷思离开宝丽金的时候，里克·多比斯送给了他一本关于布鲁克林地区历史的书，而布鲁克林正是他的出生之地。他在上面写下了如下的话："很多伟大的事物都是源于布鲁克林地区的。有趣的是，你也是从那里走出来的。"这份褒奖真诚而又可被接受，一份真正的私人礼物。

跟员工一起旅游、进餐以及喝咖啡等是建立亲密关系的最好时机。有些领导者还会邀请员工去家里做客。BBC广播公司的格雷格·戴克在上任初期曾经领着整个公司的高层领导进行了一次从伦敦到利兹的长途旅行。通过这次旅行，戴克成功地增进了领导层之间的关系，以及领导层与员工之间的联系。戴克对旅游的形式也进行了巧妙的安排，他希望员工们旅游时要三三两两地结伴而行。通过这样的形式，很自然地增进了同事之间的感情，加深了相互间的了解。

真实性条款

当领导者意欲与员工建立亲密的关系时，他们的真实性将会变得尤为重要。如果这份真实性没有被感觉到的话，员工会有被欺骗的感觉。

我们曾经采访过波士顿一家医院的行政主管，他专门负责收集医院的数据，并且做得非常好。他对医院的每一个人都非常了解：外科医师、护士、医生、医院的厨师、门房、保安，甚至是停车位的管理人员等都是他非常熟悉的对象。医院的走廊、病房等场所都充分地为他利用，成为他收集信息的重要渠道。很明显，他的准备工作做得非常出色，因为他能准确地喊出他所遇见的每一个人的名字。这很讨人喜欢，因此人们很乐意把他们所了解的信息告诉他。然而，之后他犯了一个很大的错误：他只是在工作的前六个月做到了这些，然后他就停止了。

对医院的员工来说，就好像是他不再对工作感兴趣了一样。他的真实性消失了，因而他也变得不再可信。在他身上，关键的一点是可信性的展现不应该是一次性的——领导者应该不时更新他们的信息，以便对员工和他所在的组织保持最新的了解。领导力的最终目的或许是完成组织的目标，但归根结底领导力是一门关于人和关系的学问，组织目标的完成离不开对人和关系的成功处理。

并且，这是一件双向的事情。要想与员工建立真正的亲密关系，你不能仅仅是去探究员工的隐私，你必须要向他们展示真正的自己。在一次针对某家全球咨询服务公司高层领导人员的领导才能培训课程中，我们让学员们互相倾诉那些不为同事所知的事情。结果令我们感到很吃惊。有些学员故意避开我们所给出的任务，只是说一些无关紧要的事，例如"我最喜欢的颜色是橙色"。另外有些人则对自己做了真实的披露："我和妻子的感情出现了危机，现在正在接受婚姻治疗""我曾经两次参加专业考试却没有通过"。如果不展示自我，要与员工建立亲密的关系就是一件非常困难的事情。但是在展示自我的过程中，一定要做到非常诚实。如果员工从你的言行中发现了矛盾，你的可信性必将大打折扣——当然，他们也不会再对你诚实。

与员工建立亲密的关系旨在展示领导者积极的态度。这包括奖励成功的员工和安慰失败的员工等。积极的情绪会感染其他人；而消极的情绪则会滋生恐惧和怀疑。那些敢于冒险的人理所应当受到鼓励，即使并不是每一个风险都能够得到回报。很少有人第一次接触棒球就能击出本垒打。

打开建立亲密关系的门

与员工建立亲密的关系可以有一定的方法，但它不应该是机械性的。这种关系必须要与领导者的风格和个性相吻合，与他们所面临的情境相吻合。这种技巧的使用也必须要与领导者所共事的员工相匹配。

我们曾经参与过某家制药公司科研团队的组建项目，这个案例或许能使大家认识到这一点。首先，我们按照常规为团队的组建设立了一系列的规则，旨在让团队中的每一个人都能够共享到必要的信息，但是没有一个奏效的。最后，我们采用了一系列研讨会的形式，让团队中的每一个人都能够在会上谈论他们的研究。这种形式吸引住了他们，因为这才是他们想真正互相了解的内容。毕竟，他们是科学家。

领导者通常会为与员工建立亲密的关系安排一定的场合，在那里领导者和他的员工都可以放下戒备之心，坦诚相待。

例如，格雷格·戴克在去 BBC 广播公司之前，自己经营着一家叫“伦敦周末”(London Weekend)的商业电视台。当他到 BBC 上任之后，他为公司建立了一个“领导小组”，希望能使成员感觉到团队的归属感。他还采用了下面这样一种方法：每年，他都会召集小组的成员进行一系列的早餐聚会。每次聚会，他都会事先邀请一名专家前来演说。在 20 分钟的演说之后，戴克会带领着他的团队去反驳演说者和演说的内容。这是一个非常有趣的形式，一种聪明才智的碰撞游戏，往往会产生智慧的火花。在戴克的鼓励下，团队的成员可以采用各种各样的方式互相超越，甚至可以是某些不登大雅之堂的歪点子。这经常会引起团队成员的一片笑声，即使是那些“歪点子”的受害者也会感到非常有趣。

像戴维·加德纳所组织的盛大的地中海度假村之行固然是非常有效且值得纪念的，然而经常做一些小事情也是非常重要的。如果把所有亲密关系的形成都依赖于一年一度的重要事件的话，效果通常不会太大。这就像是依靠每年一度的暑期旅行修复婚姻感情一样，有谁见到能持久的？一些小的社会场合，像每周一聚在一起吃甜点、喝咖啡的场合，可以变成非常有用的习惯，只要它们没有变成例行的公事。

即使是在那些把等级视为重要的控制机制的组织中，建立亲密的关系也可以成为一种非常有效的领导手段。伟大的军事领导者能够取得胜利并不只是因为他们赢得了士兵的尊重，更重要的是赢得了士兵的爱戴。他们通过显示对士兵的关心等手段来赢得士兵的爱。乔治·巴顿（George Patton）将军对他的手下说：“我唯一在乎的是我们的士兵。”纳尔逊爵士（Lord Nelson）在战场上被弹片击中，他以为自己要死掉了。一名战舰医生放下手中正在救治的伤员赶过来抢救纳尔逊爵士——他们的舰队司令——然而纳尔逊却说："先去救我身边那位勇敢的船员，再来救我。"这绝不是哗众取宠，战火下的这种真实性毋庸置疑——所有的士兵都因此而热爱他。[13]

如何使用带宽

在社会距离的问题上，令领导者感到头疼的一点是如何以及何时进行距离的转换：由疏远转向亲密，或是由亲密转向疏远。这种平衡总是在转变的，有时候这种过程是逐渐的，而有时候也会是突然的。

有些领导者在这个问题上控制得非常好，例如戴维·普罗瑟(David Prosser)。他来自于南威尔士的工业重镇，有着明显的当地口音，然而他在与员工之间建立亲密的关系上却很有一手。他是英国 Legal & General 人寿保险公司的 CEO。这家保险公司是全欧洲最成功的保险公司之一。它的企业文化宣扬人与人之间的亲密和热情，公司员工在工作之后经常一块儿喝酒聊天，公司的经理主管人员在离开公司的时候也经常会安排友好的送别聚会。在这样的场合，普罗瑟待人接物热情诚恳，彬彬有礼。然而，在需要的时候，他会礼貌而坚定地指出员工的任何不足之处。

他对社会距离的掌握十分得当，并且由于他待人热情诚恳，每次对员工的指责都非常有效。例如，在一次鸡尾酒会上，一位销售经理一直在兴奋地谈论公司经营业绩如何出色。普罗瑟用低沉的声音打断了他:"我们或许已经做得很好,但是我们做得还没有足够好。"当时的空气立刻凝固了。每一个人都明白了普罗瑟这句话的含义:他们可以做得更好,并且被寄予做得更好的重任。

一般而言,社会距离从疏远向亲密的转变非常容易被感知到。一个微笑、点头、令人愉悦的赞赏等等都可以让人有如沐春风的感觉。然而,相反的转变却是非常困难的。例如,如果某位风度翩翩的研究型领导突然给员工一顿粗野的批评的话,必将使员工产生不安和被出卖的感觉。

在我们所研究的领导案例中,有很多种社会距离的转变方法值得我们借鉴。

一种普遍使用的方法是:提前给出转变的信号,即在转变之前,通过提前告诉员工将要发生的事来驾驭这种距离的转变。美国第一资本金融公司的 COO 奈杰尔·莫里斯(Nigel Morris)承认,有时会感觉自己"像一只变色龙,一会儿亲密,一会儿又变得非常严肃"。正如他跟我们说的,"如果你像谜一样难以捉摸,那将会使你的员工感到惊慌。可预见性固然有时显得冷酷,但它却是非常有必要的。我经常会提前给出警告,'注意!另一个奈杰尔就要出现了。'以此来告诉员工,我要改变了"。

当然,这种情感的展示并不是完全泾渭分明的。一些久经世故的领导者通过合理地使用不一致的信号来达成自己的目的。在领导者意欲强调距离时,这种方法是适用的。

我们可以通过下面这个事例来说明这一点。我们约一位投资银行的 CEO 共进午餐，同时见面的还有另外两位高管人员。而就在我们会面之前，这位 CEO 与这两位高管人员进行了半个小时的谈话。这两位高管可能受到了他的批评。两位高管从会议室出来，和我们一块儿去了约好的餐厅。我们等了一会儿，那位 CEO 没有来，我们就开始先吃了。两道菜过后，他还没有来，我们都开始变得有些紧张起来，因为我们担心事情是否能够谈妥。当他最终出现的时候，他很高兴，对我们也很热情、真诚。我们谈得很好。但是，这位 CEO 通过展示自己的权威获得了优势，使得我们不得不作出相应的妥协。总而言之，这是一个领导者充分利用距离达成目的的经典案例。

做错的风险

如果领导者未能在距离和亲密之间作出正确转变，或者说当条件发生改变领导者未能作出正确调整的话，他的领导力将会变得不再有效。当然，在这样的情况下，组织并不必然会崩溃。我们经常会见到一些无能的领导者在组织的某一职位上干了好多年的情况。

无论如何，领导者如果不能作出正确调整的话，他的可信性将不可能实现。让我们考虑下面这些案例：

太过亲密的关系妨碍到公务。前面我们曾经介绍过一位年轻的经理经常在工作后跟员工聚会，从而与员工建立了亲密的关系，而后他却发现其中的一位员工收取回扣。这时的他该如何做呢？当然，问题很少会这么极端。事实上，大部分的领导者在面对如此严重的问题时，即使平时过于亲密，他们也能够处理。然而，太过亲密的关系几乎总是要妨碍到公务。在这样的情况下，当一名管理者决定与他的员工保持一定的距离时，往往通过一个笑话就可以轻松地摆脱这个问题。太过亲密的关系往往会使领导者失去其可信性。

建立亲密关系的时机未成熟。有些人刚加入某个团队就认为自己拥有了与其他成员之间的亲密关系，而事实并不是这样。在这种情况下，我们最好还是先保持一定的距离，就像一个老师新接手某个班级一样。

领导者未能认识到他们的责任。如果一名领导者太过关注与员工之间的亲密关系，他将会失去其授权的可信性，业绩将得不到保障。他应该对这样的结果负责。领导力绝不意味着做一个“好人”。即使是在与员工建立亲密的关系时，领导者也应该对自己有一定程度的保留；领导者和他的员工都必须要感觉到他们之间的潜在距离。最后，权威应该来源于组织的目标，领导者和员工都应该明确这一点。

在应该与员工建立亲密关系的情况下，领导者却没有做到。由于领导者还必须关注组织之外的诸多因素，例如他们需要花费大量的时间去跟投资者、分析家、媒体、客户以及政府等各方面打交道，这会让组织的成员觉得领导与他们之间太过疏远，领导也就失去了与员工之间的必要联系。

我们曾经在一个行政大楼的洗手间内发现了这么一段涂鸦文学：“CEO 和上帝之间的区别是什么？上帝无处不在；而 CEO 虽然也是无处不在，但却从不到这里。”这段话或许可以为该问题作出一定的解释。这类高级行政官员总是会为某个关键员工的离开而感到吃惊，或是会对销售总额的骤减感到意外。

这种疏远的距离有时候会变得非常诱人。它使得领导者在面临像安然、世通（WorldCom）等这样的假账事件时可以从容地避开，因为他们可以说他们与这样的事情毫无关系，从而不承担责任。当然，领导者显然是有责任的。

领导者过分依赖新的领导方法。有些组织的领导者倾向于跟员工建立相当的距离和权威，因为这样很容易使他们跟那些可能对组织造成破坏的决定隔绝开来。然而，这就跟那些错误的亲密关系容易造成领导者失去诚信的情况一样。

我们不应该忘记这样一条管理准则：领导力是一种技巧。那些立志于成为一名成功领导者的人总是在不断地实践、磨练他们的技巧。正如我们所展示给大家的，合理地利用社会距离也是一种关键的领导技巧。然而，作为一种技巧，它的重要性存在着被高估的可能。

一次，我们在一家著名的广告代理公司亲眼见证了一件相关的案例。在每年一度的部门圣诞聚餐之前，这个部门的领导者告诉我们他计划挑选出五位业绩突出的员工，让他们在会上讲述成功的经历，并给他们每个人以奖励。这听起来是个不错的主意。然而，在实施的时候，他却没有停止在五个人的奖励数额上。他不停地挑选，奖励了比原来多得多的员工。

刚开始，得到奖励的员工感到非常兴奋和激动。然而，随着部门里面越来越多的员工都去领奖，大家便都觉得这是件很普通的事情，庆祝的气氛也随之减退了。由于大家都得到了所谓的“奖励”，因此部门里那些真正应该得到奖励的人觉得奖励贬值了。最终，这个方案完全没有起到应有的作用，反而降低了领导者的可信性。

我们可以看到，巧妙地利用社会距离是情境感知能力的一种特殊类型，先知道什么时候应该与员工建立亲密的关系，什么时候应该疏远，然后再采取最合适的举措。这是一项关键的领导才能。

还有一项更为关键的领导才能需要我们去开发，那就是交流的技巧。有关这一点，我们将在下一章进行详细的介绍。

你凭什么

第七章　交流

从领导学的角度来看，成功的领导者必须同时是一个善于交流的人。但是，仅仅做到这一点还是不够的。成功的领导者还必须要确保采用正确的交流模式。这需要他对周围的信息、环境、所交往的对象以及自身的优势和弱点等等都要了如指掌。实际上，选择正确的交流模式是如何在复杂的环境中有效展示自我的一个反映，是做一名成功领导者的必修课。[1]

例如，领导者需要考虑他们的优势到底适合应用在哪一方面：单独的会面，还是小团体的交流，抑或是大型的演讲？每一种场合都需要不同的讲话技巧。

哈佛商学院一份著名的案例记录了贝恩咨询公司的副董事长奥里特·加迪什（Orit Gadiesh）所作的演讲。这份演讲是她在20世纪90年代早期针对公司的同事们所作的。[2]那个时候，公司正处于士气低落的时期，这一点正是加迪什寻求解决的。她主要考虑了如下这几个要素：事实与情感之间的平衡、近期的业绩和未来的挑战、个人轶事，以及共有的经历等等。她知道，作为一名领导者，她所传达给大家的信息会对员工产生重要的影响。在这份演讲中，加迪什首先考虑的当务之急是建立一种集体荣誉感，而这正是当时的公司所缺少的。

交流渠道的选择

首先，让我们来回想一下当初格雷格·戴克是如何小心翼翼地为大家表演魔术的，托马斯·萨特尔伯格在演讲时是如何出色地利用他那犀利的眼神的，或是西蒙·格利福德所作的巡回演说等情形。领导者必须要认真考虑他们是否对于那些关键的任务赋予了足够的关注。他们的交流是否足够小心谨慎呢？

对于领导者来说，面对面的单独沟通固然重要，而直接面对众多听众的有效交流也是不可缺少的。当英国前首相约翰·梅杰（John Major）在跟玛格丽特·撒切尔（Margaret Thatcher）夫人竞选首相一职时，他并不被大家看好。在竞选之初，他完全依赖自动提示器（一种为电视讲话人或演出者逐行映出语句的设备。——译者注）向大家进行了一系列具有固定形式的大型演讲。这种演讲的效果很一般，并没有给听众留下多么深刻的印象。自动提示器的装置也没有充分展示出他谦虚、质朴的领导风格。在竞选进行到半程的时候，他对自己的演讲形式进行了改进。他开始了一系列的街头即兴演讲——在临时搭建的演讲台上，他手持麦克风进行演讲，而不是依靠自动提示器。通过这种形式的演讲，他有效地确立了自己“普通百姓”的领导风格。他的演讲通过电视渠道适时地向英国3 000万选民播放，起到了完美的效果。最终，他赢得了这场选举。众多评论家都认为他演讲形式的转变是他取得成功的转折点，因为这种演讲形式促使他有效地跟民众进行了沟通和交流。

类似的情况也发生在2004年布什对克里的美国总统竞选中。布什喜欢在户外进行竞选演说，这是他更为钟爱的演讲环境。而克里却截然相反，他更倾向于在闪光灯聚焦下的正式场合里进行演说。只是到了竞选的最后关头，他似乎才意识到这种非正式交流形式的重要性，但此时已经有点晚了。

如今，众多的组织机构也发现了这种非正式的内部或外部交流日益增长的重要性。实际上，最近几年来，这种交流变得越来越重要了。交流方面的专家能够帮助领导者熟练地运用各种新老交流渠道弥补他们的人际交流效果。这些新老交流渠道主要包括视频会议、因特网、印刷刊物以及广告等等。在领导者合理运用的前提下，这些渠道可以起到非常有效的作用。首要的一点是，领导者必须要保持他们的真实性。例如，我们前面曾经介绍过的彼得·布拉贝克对于他的照片出现在刊物上的真实性非常关注，正是领导者合理运用交流渠道的一个例证。

在组织之外，渠道的选择也是一件非常重要的事情。例如，我们曾经在许多场合下对一位在自治市镇工作的社会工作者进行过观察和采访。戴夫(Dave)的团队非常难于管理:它包括政治激进分子、女权主义者、野心家以及部分无政府主义者。正式的聚会对他来说简直就是一个噩梦——他们可以毫无征兆地从既定的结论转换到没有效果的又一轮争吵。在这样的情况下,戴夫知道非正式的场合可能会更好一些。他跟他的团队成员一起到当地的酒吧,在友好的气氛中,幽默、智慧以及随意的交谈产生了不错的效果。

有效的陈述方法

很明显,交流也是一种关于事物本质的信息交换。许多领导者经常会犯的错误在于他们认为员工天生具有理性的分析能力和对事实的直观判断能力。[3]因此,领导者倾向于利用一些枯燥的数字和事实说话。然而,单纯依靠这样的方法往往不能起到激励他人的作用。

例如,可以设想如下这种情况:当面对那些冗长而充满大量数据的幻灯片时,我们还会感到激动吗?或是面对一份充满事实、数字的简报时,你又是有什么样的感觉?除了可以预见的兴趣索然之外,问题还在于领导者经常会滥用他们的等级权威以保证他人"充分地"理解。这在某些组织的管理中或许可以实现,但这绝不是领导力。

为了赢得他人的注意,领导者需要构建一种引人注目的陈述方法。他们必须找出某种不仅能够使他人理解而且会使其感到兴奋的方法。但这绝不意味着完全摒弃了合理的理性分析。成功的领导者通过利用丰富的事例、个人经历、类比以及有趣的故事等来使他们的陈述更为精彩。[4]

作为领导交流的一种手段,为什么这些设计可以如此有效呢?这有如下几个原因。首先,一个令人信服的故事是可以激励他人的重要手段,并且正如我们所强调的,领导力是一门关于关系的学问。好的故事可以很容易地勾起人们的兴趣。它们提出了亟待解决的谜题和需要克服的挑战。这种方法允许其他人经过思考得出自己的结论,因此非常有效。

其次,个人经历的适当利用可以促使员工和领导者之间产生认同感。个人轶事和经历是消除社会距离的一种重要手段。通过利用日常生活中大家都非常熟悉的经历和背景,领导者通常可以在共有经历的基础上跟其他人更好地进行交流。

第三,通过将他们的交流个性化,领导者可以更加真实地展示自己。并且,领导者通过恰当的技巧揭示自己的感情,能够唤起其他人情感上的共鸣。通用电气公司的前任CEO杰克·韦尔奇就非常善于利用这种方法与他人交流。他经常回忆儿时的经历以及早期的成长经历以传达关键的信息。但是我们更偏爱另一个例子。

我们曾经对著名的帆船运动员皮特·戈斯进行过多年的观察。最近几年来,他经常需要面对众多表情严肃的高管人员进行演讲。他是一位出色的故事陈述者。他经常讲述的一个故事是他那次著名的营救行动——在一次帆船环球航行竞赛中,他勇敢地营救了一位在暴风中挣扎的濒临死亡的参赛者拉斐尔·狄乃力(Raphael Dinelli)。他喜欢讲述的另外一个故事是他对巨型双体船的改进和开发。

这两个例子都非常有效地吸引了听众的注意力。他是如何在这么恶劣的天气条件下成功实施营救的?在皮特靠近之前,拉斐尔还是清醒的吗?这样一艘巨型双体船能够应付大风暴吗?皮特能否募集到足够的资金以进行这个项目呢?

随着每一个故事的生动展开,皮特把个人的感情、日常的习惯等为大家所熟悉的情景掺杂进来,使得大家更容易接受。他还会谈到他的妻子对他的重要支持,以及朋友对他的关爱之情等等,他认为这些都是他奋斗的不竭动力。

最后,这些故事使得皮特能够充分展示自己的情感。在讲述他成功地营救拉斐尔的故事中,他动情地讲述道:"我将永远忘不了他的眼神……我不知道它们传达了多么深刻的情感和谢意。"在抛弃了他们的双体船后,他承认在帆船沉入海中的那一刻他和他的船员都已经泣不成声了。

在临近结束的时候,皮特与他的听众们又一次紧密地联系在一起——这使他们中的每个人都能够分享他的经历,并且在领导力方面都得出了自己的结论。

真实的故事陈述

对于这种类型的交流来说,有没有什么秘方呢?要想使一个故事给人留下深刻的印象,在故事的结构、节奏以及风格等方面当然有一些基本的指导方针。我们也知道一个有效的故事陈述往往要利用一些古代故事的意境或基调。例如，史蒂夫·乔布斯就曾经引述大卫和巨人歌利亚的故事来隐喻苹果公司和IBM之间的商战。维珍航空公司的总裁理查德·布兰森也曾经用过相同的故事来说明他们与英国航空公司之间的竞争。

有效的交流和沟通必须是真实而可信的。案例、轶事或故事的引用必须与当时的环境相适应，并且它必须是真实的，而不是从所谓的领导"秘方"中借用的。

有技巧的沟通与交流往往也是一个关于节奏和时间安排的问题。节奏和速度等因素是成功交流的关键。如果节奏太快的话，它所传达的信息就会显得太过仓促，或者不适合当时的环境。而如果节奏太慢的话，则可能会产生挫折感和前后脱节的情况。领导者的任务之一就是要了解组织的节奏，然后确定哪些方面需要改变以及以什么样的速度进行改变，而哪些方面需要保持原样。

龟兔赛跑

交流并不仅仅只包括内容、风格或是故事陈述，它还包括节奏和时间安排的问题。正如某位爵士乐作曲家所说的，音乐并不仅仅是音符的单纯组合，"如果只是依靠音符的话，我根本不可能演奏"。实际上，在沃顿商学院受训的经理人员们会接受四重奏的音乐课程培训，它被普遍认为与现实的团队工作具有类似的地方。

让我们来考虑如下两个案例。第一个案例是关于某家成立于20世纪早期的电信企业的故事。该企业以当时业已出现的新技术为基础,结合了电子和通信技术。到20世纪60年代早期,这家企业已经成为一个集轻、重制造工艺为一体的联合大型企业,主要产品涉及:发电、国防、医用电子设备以及生活耐用品等。

这家企业采用了较为保守的策略——从不把所有的鸡蛋放到一个篮子里,同时实行严格的总部财权控制。众多管理者认为这将导致企业形成官僚体制和风险规避的作风,对于转瞬即逝的机会把握能力不强。然而,这个企业却在不停地成长。到20世纪60年代,它的营业收入达到了100亿英镑,并且有10亿是现金。然而,它在资本市场却并不被看好,这可能是其风险规避的战略所致。在1987年到1996年的十年时间里,除了其中的四年,它的股票的表现都要比伦敦金融时报指数(FTSE)差。

但是到上世纪末,这家企业迎来了变革的转机。公司委任了一名新的CEO。作为一名企业领导,他素以不惧怕任何彻底的组织变革而闻名。在上任伊始,这位领导就迅速着手实施公司的变革事项。他加强了董事会与投资银行的联系,并进行了全面的战略调整。他摒弃了公司以往的风险规避策略,对公司在电信设备市场的份额进行了重新配置。一份新的产品配置计划使公司在国防方面的订单达到了顶点。

除了实施这些大胆的改革计划以外,他同时开始着手对公司文化进行卓有成效的改革,目标是把这些新的战略命令传达给公司的员工。这位新任CEO跟公司的人力资源总监一道，共同确定了公司的核心价值观，像激情与荣誉、高效率、变革的理念等，围绕着它们建立了一个崭新的组织。经过这一系列的变革，资本市场对公司非常看好，公司的股票变得炙手可热。公司的员工们相信股价的上升会增加他们的财富，因此他们开始真正关注股票的价格。这也激励着他们去完成公司的目标。在公司员工积极性的推动下，这位CEO开始实施收购战略以发展全球资本。这包括接下来他在美国进行的两个大手笔：一份超过20亿英镑，另一份超过42亿英镑。

他在2000年曾这样说道："在充满机遇和挑战的21世纪里，我们要抓住机遇，深化改革，与时俱进，始终走在世界电信行业的前列。通过努力建设新型企业文化，我们将共享公司成功的果实，最终实现我们的宏伟目标。"

这个故事就到此为止，大家可以思考一下该公司接下来的前景。下面，让我们来考虑另外一个截然不同的案例。

这是一家专业的金融重组服务机构，业绩优良；公司股票属于蓝筹股，并且具有顶尖的品牌声誉。这家公司的年主营业务收入曾经一度达到7.5亿英镑，其业务活动涉及诸多领域。这些活动主要包括一系列的金融重组工作，主要面向银行、公司债券所有者，偶尔也面向管理机构；需要丰富的部门知识的高度专业的企业转型活动；小型或是中型企业的重组或清算工作。整体的经营蓝图看起来非常乐观。主营业务收入在不断地增长——公司计划在五年内业绩翻一番。它的赢利能力也非常好——公司股东所获得的收益与其他企业相比较起来要高出许多。

但是，在繁荣的表层现象之下，问题已经潜伏了。一些较小的行动更为敏捷的投资机构也进入了这个公司所在的市场。它们看到这个行业里的龙头老大行动缓慢，甚至有些自满。而残酷的事实是，这个行业里小型和中型企业占据了大概40％的市场份额。在激烈的竞争下，公司的业绩和市场份额逐年下滑。低成本的区域性竞争者正在一步步赢得市场份额。

公司必须采取一定的措施来解决这个问题。该公司的领导适时地成立了一个内部学习小组研究该问题。在经历了八十多个公司内部访谈以及更多数量的客户调查之后，他提出了一个全面而彻底的改革方案。该公司现在需要新的领导——一个可以将这个士气受挫的团队紧密地联合起来，给出明确的方向，并能够重新赢回市场的领导。

这位领导考虑了众多人选，然而却似乎没有合适的候选人可以担当起这个重任。在经过多轮的讨论之后，他最终敲定了一位年轻却经验丰富的领导。这位年轻人非常善于引进那些具有创新能力的人才，尤其是善于发掘那些更年轻且有才干的人。

这位年轻的领导刚开始做得很好。他经常去拜访那些在区域市场有着成功经验的年长者，并且逐渐地摆脱了公司的董事和高管人员的盲目控制。他成立了专门附属小组来检查结构选择、渠道管理、新人才开发以及品牌问题等。这激起了大家的热烈讨论——“我们先前曾经试过这些方法，但是却没有奏效”。在必要的改革继续之前，这位新领导就尽全力把这些问题提到表面上来，但是却引来了日益增多的讨论、咨询和意见。

让我们把这个故事先进行到这里，再把目光转到前面的电信企业中来。

兔子的今天

2000 年的上半年，这家电信企业的经营业绩非常之好：成长迅速且利润丰厚，公司的股票价格也创出了新高。但就在那时，由于美国对电信市场解除了管制，新竞争者随之而入，因此从 2001 年开始，公司的电信业务急剧下降。欧洲的市场业务依然强劲，但由于在第三代移动通话技术上付出了巨大的费用，公司还是受到了很大的阻碍。结果，他们耽误了在网络基础设施上的投资。这是对公司的一个巨大打击。

在 2001 年的第二季度，该公司的财务报告显示销售业绩大幅下降，利润总额比预期灾难性地减少了 50%以上。公司股票的价格直线下跌。在该年的第三季度，公司股票被从伦敦金融时报 100 指数中剔除，公司的 CEO 和执行主席辞职。很快，随着公司的巨额债务重组，公司的股票实质上几乎没有了任何价值。一个拥有巨大现金储备的蓝筹股企业就这样垮掉了。这个企业就是赫赫有名的英国马可尼(Marconi)公司。

再回过头来看一下那家专业的金融重组服务机构。一个年轻、富有才干的崭新管理团队组建起来。他们努力工作，重新树立起年轻的人才基础，重新建立与当地银行的关系。虽然问题没有完全得到解决，但是人们越来越觉得公司正在朝着正确的方向前进。一两个高级经理在激烈的竞争中脱颖而出。他们看到了问题的所在，愿意为解决问题付出自己的努力。有些反对的人离开了，但是更多有才能的人加入进来。关于公司愿景的交流成为了公司长期成功的关键。这就是著名的普华永道商业恢复机构。在我们撰写本书的时候，它已经开始重新赢得市场份额，员工士气高涨，正在为公司的发展而积极努力地工作。

结合龟兔赛跑的寓言，上面我们所讲述的这两个案例从正反两方面论述了这样一个道理：一个渐进、谨慎的改革过程最终可以实现更大的成功。在第一个案例中，新任的领导有着让人印象深刻的成功经历。企业的活力最初是围绕着一个崭新的愿景被激发出来，大家都可以在未来的成功中共享收益。公司迅速采取了以收购为基础的扩张。在这个过程中，公司的传统基础丢失了，那些谨慎培育起来的公司文化被一扫而光。当市场发生改变之后，一个规模庞大的公司就这样垮掉了。而在第二个案例中，一个更为沉着、较少惹人注目的人物掌握了公司的领导权。在跟同事谨慎协作的前提下，对企业进行了调整，重新构建了客户关系，并且开始构建一个着眼于未来的团队。兔子严重地受伤了；而乌龟却在一步步地迈着坚实的脚步前进。

快速反应的神话

领导者会经常面临节奏和时间安排的难题。在业绩压力与日俱增的情况下，许多企业的领导者感觉到他们必须越来越快地表现出其影响力。他们觉着自己应该向其他人传达这样的信息，即他们知道所有问题的答案。然而，最近的研究却表明这通常会使领导者面临着更多的失败。

来自达特茅斯大学塔克商学院的悉尼·芬克尔斯坦(Sydney Finkelstein)教授曾经针对那些曾轰动一时的不成功人物作过仔细的研究。[5]他把这些人定义为可以把蜚声世界的公司搞得一文不值的人。这在描述马可尼公司时是完全正确的。然而，正如芬克尔斯坦所指出的，乐柏美(Rubbermaid)公司的沃尔夫冈·施密特(Wolfgang Schmitt)、通用汽车的罗杰·史密斯(Roger Smith)以及泰科(Tyco)公司的丹尼斯·克佐罗夫斯基(Dennis Kozlowski)也都属于类似的情况。一方面，他们取得了极佳的业绩；但另一方面，他们的行动却导致公司一步步走向了一条死胡同。

当然，能够迅速抓住重点，理清复杂的情势，作出果断的决定等是人们非常推崇的能力。实际上，当前的很多领导者依然渴望达到这样的境界。那些拥有这样的理解的领导者非常希望得到作出高效的决断的机会。另外，他们的同事通常也会因他们的果敢而感到放心，即使他们知道领导者不可能拥有所有问题的答案。

但是正如悉尼·芬克尔斯坦所警告的，

> 这是一种欺诈行为。在今天的企业界，环境在不停地改变，变革成为了唯一不变的主题，没有人可以说"他拥有所有问题的答案"。有些领导者倾向于迅速解决问题，然而却失去了发现分歧的机会。更糟糕的是，由于这些领导者认为他们已经拥有了所有问题的答案，因此他们根本不可能去寻找新的答案。无论何时，他们都不会去关注真正的问题所在，而是利用自己的本能去寻求迅速的决断，不给不确定以任何机会，尽管有时不确定反而是最合适的。[6]

那些行动太过迅速并且拥有不切实际的确定性思维的人往往还存在另一个问题。他们从不会接受来自于他人的有益反馈或是信息。乐柏美公司总裁沃尔夫冈·施密特的同事们就抱怨说，他从来不会听取或接受任何忠告或建议。发展到后来，几乎没有人敢于向他提出反对意见。[7]最终，这种"超速"导致的结果是员工对任何问题都保持缄默。在速度的压力下，人们会感觉"只是去做"就好了，而把目标的实现和问题的讨论放在后面。但是，正如哈佛商学院的两位学者莱斯利·珀洛（Leslie Perlow）和斯蒂芬妮·威廉斯（Stephanie Williams）最近的研究所表明的，沉默的氛围将会导致员工失去动力，在员工之间出现怨恨和恼怒的情绪，降低员工的创造力和生产力。[8]

渐进式领导风格的典范是弗朗兹·赫默。在他出任罗氏制药公司总裁的八年间，他领导公司围绕着制药和医学仪器两大核心业务进行了引人注目的改造。但他时刻不忘“欲速则不达”的教训，采取了稳健的渐进式改革。在他上任之初，很多人都建议他撤掉杂乱的维生素业务。但是他对于公司内部可能产生的阻力非常清醒——问题通常是由对改革过于激进的要求引起的。

在他来到罗氏制药公司不久，围绕着公司的诸多新闻就频频见诸报端。报道都集中在日益缩减的市场份额、陈旧的生产线、因价格垄断而在美国和欧洲遭受的巨额罚单，以及被瑞士诺华(Novartis)制药集团接管的威胁等方面。面对这些消极的因素，赫默必须使员工知道基本的连续性正是企业的优势，他需要传达出一种他现在所称的不现实的乐观精神。

最近，据公司财务报告显示，公司的赢利状况已经好转，业务增长名列行业前茅。然而，赫默却说这是个坏消息。“现在，我必须要提醒我的同事们事情并不像我们想象的那么好！”这个案例向领导者充分地展示了向员工传达信息可采用的一种良好方式，并且有效地回答了“我们应该如何做?”的问题。对那些担任着复杂组织的领导职务的人来说，要想在面临着日新月异的变革的情况下完美地回答这个问题并不简单。这需要良好的情境感知能力和高水平的交流能力。

演化和变革

平坦的演化和激进的变革两者之间很难协调，或许下面我们所引用的食品业巨头雀巢公司的案例可以给大家提供有益的帮助。事实上，雀巢公司 CEO 彼得·布拉贝克曾公开宣称，这二者之间的协调是他在个人领导能力方面所遇到的一个重大挑战。[9]

雀巢公司是世界上最大的食品制造企业。公司产品种类繁多，历史悠久——从成立至今已近 150 年，几乎在世界上的每一个国家都可以见到雀巢公司出产的产品。雀巢公司约有26万名员工，拥有像雀巢、巴黎水（Perrier）、喜跃（Friskies）、奇巧（Kit－Kat）等著名品牌，占据了快速消费品市场的主导地位。

在 20 世纪 90 年代的成长时期，雀巢公司经常跟“迟钝”“无趣”“一只跛足的鸭子”以及“恐龙”等词语联系在一起。但是当网络泡沫破灭之后，雀巢公司长期、持久、渐进性发展的优点逐渐显现出来。

实际上，布拉贝克跟他的前任一样，继续强调了公司的“禁地”——那些绝对不应该改变的方面。经济学家称布拉贝克是“顽固的守旧派”。[10]正如他所解释的，“领导者的一项主要工作就是决定公司的哪些方面是你想保留的。你应该对公司过去成功的原因有所了解，并知道如何确保这些基本因素不被破坏或不会消失”。

这些持续的价值可以从雀巢的《领导和管理原则》中得到。它是由布拉贝克在 1997 年推出的，是他在公司 30 年的经验总结。这些原则强调了人、产品以及品牌（而不是技术）的重要性，公司长期发展的战略眼光，以及一种分权式的公司文化——决策面向客户，面向市场。

很明显，这绝不意味着雀巢没有发生任何改变。相反，雀巢公司始终在推进着一种渐进而持续的变革，因为布拉贝克认为激进的变革是极富破坏性的。

当然，这也不意味着雀巢公司里就没有快速的变革。实际上，布拉贝克拥有明确的抱负来加速公司改革的步伐。用他自己的话说，“我隐隐地感觉到，我们行动太慢了。这就好像是一个人在穿着拖鞋走路，尽管这很舒服，但是却阻碍了你快速地前进。如果穿着拖鞋走得太快的话，还有可能会跌倒！所以我们必须将拖鞋换成球鞋，再将球鞋换成跑鞋。我们今天穿什么鞋？多半是球鞋。我们已经开始走得比原来快了，但我们必须时刻准备着跑步前进”。

当然，节奏的把握最好是随着需求和环境的改变而改变。当形势需要的时候，布拉贝克本身并不惧怕改革的迅猛和彻底。在布拉贝克接管雀巢公司大权的那天，几乎每一位公司董事会的成员或是被分配了新的任务，或是被直接扫地出门。在他的任期内，雀巢调整了其全球市场结构，推出了宠物食品和饮料的新业务；大规模地引进了标准化的信息管理系统；在2002—2003年期间，公司在宠物食品、冰冻小吃以及冰淇淋领域进行了几次重大的收购活动。

“在跟我的同事谈话时，”布拉贝克说，“我发现他们中有一半认为公司的变革太慢，而另一半却认为公司的变革太快……很明显，这两者我们都需要。在紧要的地方，我们需要采取迅速的变革；而在其他方面，我们可以采取渐进的变革。关键是要区分开不同的情形。”

理解乐谱

对于大多数的人来说,处理这种复杂性和不确定性并不是件容易的事情。它是对领导能力的一种独特挑战。在我们跟布拉贝克的最近一次会面中,他告诉我们说:"昨天,我从市场信息部那里了解到,公司面临着来自其他公司的竞争。因此,我需要更多的资源,以求占领更大的市场。我必须要赢得这场竞争!因此,我们要先放缓其他部门的工作——但是绝不会有任何项目会因此而终止,否则我们将会输掉这场竞争。因此,我们在这个部门放缓了,但在另一个部门却加速了。可能会有人对此感到不自在,但是在我看来,人们已经不可能再在一个黑白分明的世界里生存了。"

布拉贝克曾经对音乐有过研究,并且将领导一个大型全球企业所面临的挑战和领导一个乐队所面临的挑战作了对比:二者都需要经过一段艰苦而费力的长期准备。

"在开始指挥之前,乐队指挥大概需要一年的准备时间。当你们现在回头看看我当初在雀巢公司所作的计划,你们会发现没有什么特别引人注目的地方。但是我潜心工作了18个月,不断地思考、讨论和研究。一旦你的计划有了重要的支持者,事情就会变得非常简单。你可能会说,为什么要花这么长的时间呢?但是当你看到像我们这么复杂的公司时,你就会理解这个问题了。这就像是一首交响曲,它是如此庞大而复杂。你必须仔细观察,提出问题,讨论问题,解决问题。最终,你会像一个作曲家一样清晰地找出问题的路径,然后你会发现它是如此简单。”

作为一名领导者，布拉贝克深知他所面临的核心挑战：用他自己的话说，“激励员工，让他们听从他的领导”。但是，接受像雀巢这样的大型公司的领导风格就像是某位乐队指挥接受其他作曲家的风格一样。最困难的事情在于要以自己的风格诠释乐谱：要做真实的自己，而不是单纯地模仿别人。

“乐队指挥的目标是将他对作曲家所谱写的作品的理解展示出来。为了达到这样的目的——把这一作品转化成自己的版本——他需要激励其他人……像乐队指挥一样，我需要将雀巢公司的最大潜力发掘出来。我希望它能够演奏出独特的旋律，就像维也纳交响乐团一样。世界上没有一个乐团能够演奏出像维也纳交响乐团所演奏出的音乐。我希望我也可以演奏出这样完美的音乐。”

合理确定企业的关注重点

要想演奏出这样的音乐需要不断地把握节奏，持续对不确定性进行管理。举如下三个例子。第一个例子，即使雀巢公司把人、产品和品牌作为“不可触动”的优先方面，总是凌驾于技术之上，它也还是具有许多技术创新和领导力的优秀案例。例如，早在网络技术出现之前，雀巢公司就开始利用互动电视的营销方式开设了虚拟商店。它是 B2B 商业模式的先驱。目前，雀巢公司正在采用世界上最具野心的公司数据管理和信息系统项目——Globe。

第二个例子，雀巢的领导和管理原则也并不是一成不变的，最近它就被修改过以便更好地反映雀巢公司在21世纪所面临的新挑战，尤其是要应对“持续不断的变化”的需要。第三，或许正是这种“独特声音”的结果，这个沉重缓慢的庞然大物在增长缓慢的食品行业中能够保持一如既往的快速增长。

当然，并不是所有那些经营着全球性企业的领导都面临着复杂的安排和控制问题。然而，节奏和时间安排的问题却是每一个领导都必须要面对的问题。那么，对于一名领导者来说，有没有可以帮助他们作出正确安排的指导方针呢？结合着我们的同事约翰·亨特(John Hunt)的研究以及我们自己的采访经历，我们发现了如下几种有效的方法：[11]

为变革传达出足够的压力。对于那些顶层的公司领导来说，这通常是非常困难的。他们每天都要面临着来自外部(如金融分析师、政府机构、媒体以及股东等等)的许多压力，而他们的同事却没有这些麻烦。而那些身处组织外层的部门(如销售、服务、采购、广告以及其他面向客户或是供应商的相关部门)同样也面临着来自外部的许多压力。相对来说，企业内部的部门很少面临着这样的问题，因而很容易滋生自满的情绪。在这样的情况下，领导者经常需要在其他人认识到改革的必要性之前即采取行动。但是，率先走在别人的前面经常是渴望引领变革的人失败的主要原因。

当外部充满强烈变革压力的时候，领导者面临的挑战就是将这些外部压力转化成变革的内部动力。而这样做的危险是如果压力太大的话，员工会变得不知所措。在某高科技企业，经常听到大家的抱怨：公司 CEO 坚持要求企业的增长率要达到市场增长率的两倍，并且大量投资于新兴的业务。尽管员工可能会作出积极的响应，尤其是在领导者领导有方的情况下，然而不断的压力很可能会导致精疲力竭的结果，并且会导致员工宿命论的观点。

在其他的案例中，有时候公司可能会遇上紧急事件，而此时为解决这些紧急事件的变革行动可能只会遇上大家漠不关心的耸耸肩："只不过是又一个变革的计划而已。"他们对这些变革持有的态度仅仅是厌倦和无精打采，而不是立即采取变革的行动。

表达出清楚和引人注目的企业愿景。如果压力是一种推动力的话，那么引人注目的企业愿景就是变革的牵引力。一个有效的企业愿景能够给出关于未来的诱人画面，促使人们支持它的实现。领导者可以通过他们个人的价值和魅力使员工产生振奋的情绪。但是涉及节奏和时间安排的问题则有两个关键点。第一，有效的企业愿景应该具有持续的动力。它不应该随着时间的流逝而被忘记。我们可以想想微软公司的企业愿景（"让每一个家庭都拥有一台电脑"）或是宝马公司的企业愿景（"终极驾驶体验"）。通常，未经慎重考虑的企业愿景几乎总是被大家轻易地忘掉了。

第二，不管企业的愿景有多大的感染力，或是在感情上有多么激励人，几乎所有的领导者在传递企业愿景上所花费的时间都比预期的要长。成功取决于持续、简单、可重复的信息，以及不同渠道的创造性运用。这是为什么故事可以变得这么有效的原因：它们是吸引他人注意力的低成本媒介，是一种具体化的传播方法。

表明哪里存在能力挑战。如果公司已经有了足够的压力和引人注目的企业文化，接下来我们就可以考虑员工是否有足够的能力来面对。当我们在采访中问及这个问题时，几乎每一个人都毫不犹豫地给出了肯定的答复。但是如果你向他们索要证据，你就会发现这种答复的脆弱。例如，公司很少会像审计金融或物质资源一样审计人力资源。

在缺少硬数据的情况下，性子急的领导倾向于把精力仅仅集中在那些可以迅速得到解决的人员问题上。然而，他们所取得的那些成功可能是欺骗性的。让我们来解释一下。图7－1这个熟悉的矩阵是根据绩效和潜力考察个人能力的能力评估矩阵。

图7－1　能力评估：绩效和潜力

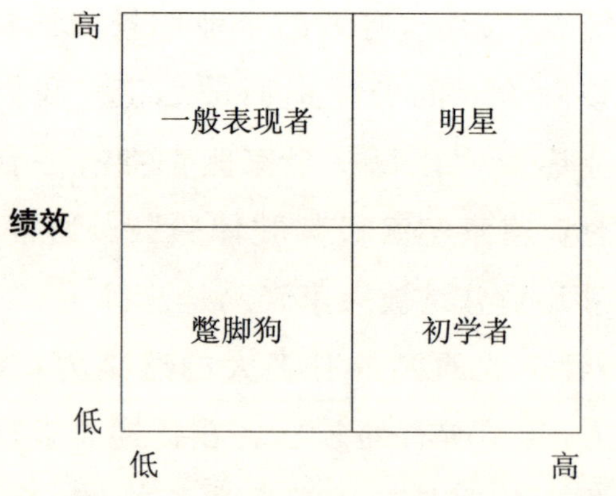

领导者最有可能关注的是哪个区域呢？以我们的经验看，应该是这样两个区域：明星和蹩脚狗。在这里，问题可以被相对迅速和容易地解决——在大多数组织中，这样的人群都相对较少。更难处理的问题在于另外两类，大多数的人都处在这两个区域内。

考虑如下情况。少数的杰出明星（那些在当前拥有上佳的绩效且在未来拥有较大潜力的人）通常会被公司提供毫不吝惜的发展计划。然而，这些人又是最不需要提供额外帮助的人，因为从定义上来看，他们拥有良好的发展潜力，完全可以凭借自己发展自己。那么对于蹩脚狗来说呢？一旦确定他们是这类人，问题就变得非常简单：让他们退出。有多少公司采用这样的领导方式仍旧未能实现优良的业绩呢？在许多方面，20 世纪 90 年代那几起引人注目的公司倒闭事件都是因为过分地关注“明星”的表现，而忽视或是辞退了那些业绩表现一般的人，他们日常所做的保持公司业务的功劳同时也被忽视掉了。[12]

实际上，对于初学者和一般表现者的谨慎和渐进培养通常能够使领导者获得长期的影响力。这两种人在组织中占据了绝大多数。初学者需要时间成长和发展——当然，在成长的路上，有些人不可避免地会失败。例如，在体育界里，最好的教练通常是这种谨慎管理的典范。

对于一般表现者来说，领导者面临着如下挑战：让他们感觉到自己的特别之处。他们常常被理所当然地认为是“辛勤工作的人”或是“普通的市民”。当人们认为某些人很“普通”的时候，我们很少见到他们会感觉到自己的特别之处。然而，这些一般表现者正是公司赖以存在的基础和支柱。并且，他们在他们的潜力范围之内勤奋工作。我们还能强求什么呢？这难道不应该是公司中的每一个人都应该拥有的抱负吗？

优秀的领导者了解这些，他们积极地将时间投入到促进初学者成长的地方，投入到一般表现者能够感到自我成就的地方。想一下像格雷格·戴克、约翰·莱瑟姆以及戴维·加德纳这些领导者，他们无一例外地拿出时间用到了让别人感觉到特别之处的地方。最近的研究表明，那些拥有这种领导行为的组织存续的时间最长。

表达出可行的步骤。我们知道很多公司存在变革的压力，企业的愿景也被巧妙地表达出来，而且还有很多能干的员工，但是他们就是没有人知道第一步如何去做以及为什么要这么做。直到企业愿景实现之后，他们才会了解第一步的重要性。在实践中，有一种表达的故障：没有人可以将企业的愿景和日常的每一步行动都联系在一起。所有对于企业愿景的讨论都只是停留在讨论的层面而已。因此，领导者所面临的一个主要任务就是要帮助人们将企业的最终愿景和他们的日常工作联系起来——让员工理解他们所做的事情。[13]

小松(Komastu)机械制造公司和卡特彼勒(Caterpillar)机械制造公司竞争的经典案例可以很好地解释这一点。这个故事开始于20世纪60年代。小松公司是一家位于东京郊区的推土机设备制造厂，它提出了一个响亮的口号："追赶卡特彼勒"。而在那时，卡特彼勒是全球推土机设备制造行业中无可争辩的龙头老大。小松机械的愿景显得非常有雄心，但是它被分成了若干个行动步骤。

他们采取的第一步是改进质量和安全性能，而不是削减成本。没有人会去买便宜但却不安全的产品。当质量和安全性能得到提高之后，下一步才是削减成本。具有相同的质量但却便宜的产品是非常有竞争优势的。在那之后是产品差别化，最后是售后服务。每一步决定着下一步的实现，直到目标逐渐变成现实。

如果一名领导者想把这些想法付诸实际行动，这是他们必须努力传达的正确逻辑。然而，这里有两个与节奏和时间安排相关的必要告诫。

首先，迅速采取行动是非常重要的。如果一个愿景很久没有采取行动的话，它会失去其可信性。虽说"三思而后行"是一个明智的建议，但如果思考太多的话，则将会产生分析停滞。正如我们经常提醒大家的那样，"卓越是优秀的敌人"。优秀的领导者会迅速使大家确信变革可能会发生。可以回想约翰·莱瑟姆和格雷格·戴克上任伊始就采取了改善员工日常工作生活环境的举措。他们的行动表明了一种能力——卡尔·韦克(Karl Weick)最近将其称为"三思而同行"能力。[14]

然而，就像要意识到迅速行动的必要性一样，你也要意识到不可能一步就能到达成功的彼岸。第二个告诫是：有时候需要把改变分成较缓的步骤——明确和渐进地前进。可以回想一下彼得·布拉贝克当初所作的拖鞋、球鞋、跑鞋的形象比喻。

对追随者提供有效的奖励。采取变革的行动可能会存在风险,所以那些追随者应该得到奖励。在实践中,领导者必须知道每一个员工所适合从事的工作。对他们来说,可能会发生的危险是他们把给追随者的奖励均分了。要知道,生活绝不是如此简单。

使销售人员和研究人员感到振奋的事物肯定会有所不同。学术界人士和演员对名誉的需求截然不同。专业律师与软件工程师渴望的东西也肯定不会一样。当然,这些行业里的个体也不可能完全适合同样的奖励。正如我们在情境感知能力的那一章中所指出的,有效的领导者能够识别这些不同,并且对他所领导的员工非常熟悉。

这里,我们再次回到有关节奏的重要问题上。那些短期成就和可度量的目标经常会从那些更为重要的长期目标上分散注意力。

在宝丽金公司,CEO阿兰·利维清楚地理解个中的不同。在那时,其他公司依靠重新发行老唱片等措施取得的成就远远大于了平均年度销售业绩,但它们却忽视了新人的培育;而利维所领导的公司却恰恰相反:他们在不停地培育新人和开发新的演出,尽管这会在一定程度上忽视年度销售目标。在经历了三年表面上的失败之后,他的耐心终于在第四年得到回报。一个个新人被发现、开发,并且被成功地推广到更大的范围。随之而来的利润也大大超过其他公司。利维慷慨地奖励了他的团队。无须多言,这个事件一下子变成了宝丽金公司的一个“传奇故事”,有力地阐释了长期的富有创造性的行为会带来最大的回报。

短期目标与长期战略目标之间的平衡是一个困惑人们已久的问题。领导者在每时每刻都需要思考变革的压力、目标、能力、开端以及完成任务的奖励等等。学校需要考虑考试成绩和学生的健康成长以及自尊的培养。制药企业必须在短期市场份额和长期治病救人的责任之间协调。这些问题并不只是那些高层领导的事情,老师、研究人员等组织中的所有人员都负有责任。

要平衡这些复杂的需求并不是一件容易的事,单纯依靠奖励系统是不可能完成的。领导者所能够采取的最好措施是随着市场的变化而作出相应的改变。但是,我们需要反复强调的是:这种快速的适应不应该以牺牲长期目标或是基本道德底线为代价。这是本书最后一章所要关注的主题。但是,在我们关注这一点之前,我们必须还要通过追随者的眼睛来更全面地看待有关领导力的问题。我们曾经强调过:有效的领导力依赖于对社会距离的成功管理,依赖于有效的表达,依赖于对节奏、时间安排以及配合的理解等;然而如果不能与员工有效地联系起来,所有的这些将不会起到任何作用。

第八章　员工

员工是与领导相对的一个概念。如果没有员工，所谓的领导者就成了“光杆司令”，也就不会存在领导力的问题了。而如果说领导力是一种动态的关系，是对新环境的适应，是对社会距离的平衡的话，那么说员工也生活在这样的动态关系中就是一件符合逻辑的事了，但是我们要从不同的观点来看待它。

如果领导者很好地平衡了这些关系，员工会感到很舒服，他们会很乐意跟他们的领导建立亲密的关系，他们会感到他们的自我得到了充分的体现，并且成为了团队中的一部分。领导者充分地展示自我，将会使员工发现领导者并不是一个完美的人，这将会产生如下两种结果：一是使得员工也有了做不到完美的理由；二是使得员工知道他们可以为组织作一定的贡献。

与此同时，如果领导者与员工之间的距离比较疏远的话，领导者会给员工一种不惧怕作出艰难决定或不惧怕不受欢迎的感觉。我们曾经采访过的帕特·劳利斯(Pat Lawless)准将就是这样的一位领导者。从罗得西亚军事训练学校毕业之后,他选择去领导一支在内战中立过赫赫战功的黑人军团。他告诉我们说,当他第一次担任这个职务时,他非常依赖他的黑人助手发号施令。在劳利斯第一次视察士兵的时候,他告诉劳利斯,要想做一名成功的领导者,不要指望或是寻求士兵的普遍欢迎。当然,他希望更多的人喜欢他,但关键的一点是即使那些不喜欢他的人也得尊敬他。对劳利斯和我们大家来说,这是一堂关于领导力的重要课程。领导者必须服从于组织的更高目标,而不是个人的感情。

对领导者来说,他们必须要明白跟员工建立亲密关系要有一定的限制,还要清楚亲密关系和领导力之间是存在差异的。领导者要令员工感觉到:如果他们与员工之间有所疏远的话,那也是为了组织的长远目标,而不是针对员工个人。如果没有这种理解的话,当员工感觉到关系亲密时,他们会觉得是为领导个人服务;如果感觉到关系疏远时,他们会对领导个人产生怨恨的情绪。要记住,不管领导者现在跟你有多么亲密,说不定哪一天他也会不得不跟你疏远。

那些不善于妥当处理疏远和亲密之间的平衡的领导者会失去其真实性,或者让员工感觉有被操纵的嫌疑。在这种情况下,员工不需要任何建议。他们所需要的只是最小化他们的损失,并且开始寻找新的工作。从长期的角度看,这类错误的领导方式可能会得到自我修正。他们所培养的那些玩世不恭、漠不关心的员工是不可能在工作上有好的表现的。而这些领导者迟早要被追究责任，或是直接被换掉。不幸的是，这往往要花费一段很长的时间——而在这段期间内，可能会对组织造成巨大的伤害。

然而，如果领导者妥善地处理了二者之间的关系的话，这对公司的每一个人都会产生积极的影响。在一个训练有方的团队里，不论领导者还是员工，他们都会对组织的首要目标充满激情。由于那些妥善处置疏远和亲密之间的关系的人更有可能会成功，这对公司、客户、公司的合作伙伴以及投资者来说都是好事。

员工想要什么？

现在，把我们自身放在员工的立场上，问一下自己：我们对领导者的要求是什么呢？

令人感到惊讶的是，研究人员很少会明确地问到这样的问题。我们的图书馆里面充斥着大量领导力方面的研究文献，然而研究员工的著作却寥寥无几。[1]而如果不了解员工的真实需求，领导者很难有效地管理和控制员工。

在本书的第四章和第五章，我们主张：成功的领导者对于环境和背景（包括员工的需求）非常熟悉，并且能够随着环境的改变对自己的风格作出适应性的改变。我们有可能归纳出员工的需求吗？在我们的研究过程中，我们曾经调查过许多员工，他们的答复包含着各种各样的不同事物。然而，我们仍然可以从他们的答复中归结出四个主题。员工想从领导者那里得到的这四个基本要素是：真实、重视、激励和归属感。

尽管对于员工的研究极少，但仍然还是有大量未经整理的组织行为分析支持我们的结论。这主要是对激励理论、组织行为理论以及交流沟通理论的拓展研究。我们的个人经历以及我们对领导者采访的第一手资料都从直观上印证了这些普遍的原则。

真实

真实性是员工对领导者的首要要求。我们希望领导者展现出他们真实的自己——揭示他们真实的与众不同之处。缺少真实性将是领导者致命的弱点。因此，尽管很难对真实性下一个明确的定义，当我们遭遇到不真实性时，我们还是很容易就能感觉到。

通过思考你的与众不同之处，每一个员工都在回答“为什么要由你来领导?”这样的问题。领导者展示自己与众不同之处的技巧是领导力的基础。在员工的眼中，最好的领导力就是展示他们真实的自己。领导者要了解自己，并且要有技巧地展示自己。

正如我们所指出的，谨慎地展示“真实的自我”要依靠合适的渠道选择。托马斯·萨特尔伯格谨慎地选择了最适合他的员工大会的形式，而西蒙·格利福德采用的却是巡回演说的形式。

所以，现在你可以问一下自己，你对自身的与众不同之处清楚吗？你把这些与众不同之处有技巧地表达出来了吗？

你的员工了解真正的你吗?

重视

其次,员工需要感觉到被重视。用简单的话来讲,员工需要人们对他们的贡献予以认可和赞誉。社会心理学家们不止一次地宣称:对认可和赞誉的需求是人们的一项基本需求。所以,当人们需要它却没有得到的时候,就会产生认同不足的问题。为什么呢?这里有许多种解释。有些领导者似乎太忙了。对员工的认可排在了他们的日常事务之后。他们错误地理解了行动和效果的概念。[2]他们将对员工的认可储存起来留给了年度评价。

另外一些人似乎在性格上不适合给出有技巧的认可。不要忘记了处在组织顶层的那些性格内向的领导者。当然,内向的人也可以使他人感觉到受重视,但是这往往需要花费更多的时间和努力。在其他的一些案例中,这个问题可能是由文化方面的因素引起的。例如,英国人就很不习惯当面表扬别人或是接受别人的表扬。还有一些公司,它们的文化干脆就是"只管去做!",认为认可仅仅是对那些弱者的鼓励而已。

所有的经验都表明:成功的领导者必须找出某种方法突破这些障碍。马丁·索雷尔可能是一个强硬的领导,但是这不能阻止他亲自花费时间认真迅速地回复来自世界各地的同事所发的电子邮件。格雷格·戴克在上任数天之后便公开表扬那些为BBC广播公司作出贡献的员工。约翰·莱瑟姆会在员工最困难的日子写便条给他:"你是最好的。"

在杰克·韦尔奇担任通用电气公司的董事长兼 CEO 的漫长任期内,他的手写便条非常有名。他可能会去感谢某位同事工作做得很棒,或是简单地鼓励他们付出更大的努力。然而这里关键的一点是:不管他自身的工作有多艰巨和繁琐,韦尔奇总是会留出时间精选一些有关认可方面的措辞。他知道其中的重要性。当然,手写便条的伟大之处在于:它不仅是领导者亲自所写的,而且可以起到持续的认同和激励作用。我们的一个同事在拜访一位知名的日本企业顾问和思想家的时候,发现他的墙壁上就悬挂着韦尔奇亲笔书写的一幅短笺。许多通用电气的员工都是这样认真地对待韦尔奇对他们的认可和激励的。

我们还可以思考一下托马斯·萨特尔伯格的案例。他总是谨慎地使用他的眼神以确保会议中的每一个人都能感觉到他在看着他们。当你思考这些案例的时候,问一下你自己这样的问题:你是不是也付出了足够的注意力对待你所希望领导的人呢?你是不是使他们感觉到了他们自身所从事的事业是非常重要的呢?你是不是使他们感觉到他们自己的位置是非常重要的呢?

激励

第三,员工需要激励。从本质上讲,领导力本身就包含着对员工的激励,使他们付出更高水平的努力和实现更好的绩效。领导者是如何做到的呢?他们是如何实现对员工的激励的？答案是：要么是通过充分利用他们的个人差异达到的，要么是通过对社会距离的合理掌握完成的。一些最成功的领导者对社会距离的掌握简直到了高深莫测的地步。当然，这会使他们显得有点猜不透，但确实会对员工起到激励的作用。

不仅如此，领导者还会通过清楚的个人价值观以及执著的理想激励员工。这在有关领导力的文献中是一个非常明确的主题。像史蒂夫·乔布斯、比尔·盖茨、杰克·韦尔奇等成功的商业领导者总是能够利用他们的激情感染员工，创造出令人振奋的时刻。

有一次，在完成领导力的培训课程之后，我们向学员问了这样两个问题，他们面对这两个问题露出了困惑的神色。第一个问题：你是不是在每天的工作中都激励员工以求更高的业绩表现？第二个问题是：当你完成培训课程回去之后员工们会怎么看待你呢？他们是否会说"太好了！他终于回来了，还带回来了新的思想"，还是他们正在担心这次你又会向他们抱怨什么？你是组织的活力之源吗，或是相反？通过询问这些问题，会产生许多有趣的想法，有时候会是创造性的想法。

归属感

第四，员工需要归属感，需要感觉到自己是组织的一员。人类天性对社交感兴趣，并且需要团结。他们有一种根深蒂固的归属需求，要能够感觉到他们是某个团体的一部分，要跟其他人(不只是领导)相关联。虽然不同的组织文化中归属感的本质会有所不同,但是不管它们是如何体现出来的,都存在着一种可以为领导者所用的关联需求。还记得戴维·加德纳一上任就带领所有艺电公司的员工去度假吗?这正是他使员工拥有归属感的一种方法。

所以,问一下你自己:你使员工有归属感了吗?你了解如何使他们产生归属感吗?你会帮助员工互相交流吗?你会如何使他们与组织的目标联系起来呢?

当领导者表达了他们自身的真实性,并能够使其他人感觉到了受重视和得到了激励,以及拥有了归属感时,他们已经正确地处理了领导力关系这个基本的问题。他们帮助员工充满建设性地回答了这些问题:我们为什么在这里?我们的目的是什么?我们在一起能够实现什么?为什么你是一名领导者?

好员工的标准

如果说这四个要素是员工对领导者的期望的话,那么换一个角度讲,领导者对员工的期望又是什么呢?一个好员工的标准又是什么呢?员工应该做点什么才能使领导者的领导力更为有效呢?最终,这些问题变成了我们所有人的问题,因为虽然我们中的一些人将来可能会成为领导者,但毕竟我们大部分人都是员工。

是什么使这些问题变得真切而又紧迫呢?这是因为不断有证据表明,员工经常会使领导者误入歧途。例如,在20

世纪60年代早期，肯尼迪总统在美国对越南的干涉问题上逐步升级，就是来自于他同事们的建议。大约40年后，托尼·布莱尔(Tony Blair)首相对于入侵伊拉克的支持同样来自于他的顾问团。在商界，安然公司的董事长肯·雷(Ken Lay)就指责说：正是他那些不知廉耻的员工们导致了公司的倒闭。在这些案例中，持不同观点的人可能会认为原因是领导者喜欢听到他们想听到的声音才导致的这种结果。但是，正如领导者会对员工产生影响一样，员工也会对领导者产生影响。

林恩·奥弗曼(Lynn Offerman)的研究表明，领导者受到员工影响的方式可能有如下几种。[3]第一种，有些员工会强加给领导以"少数服从多数"的规则。例如以技术为导向的公司(由一些技术专家领导)经常是根据他们的技术人员的偏好开发产品，而往往会忽视掉终端客户的利益。再如IBM、苹果和戴尔等大型公司都曾因为领导者过分相信技术人员的建议而遭受到较大的损失。

第二种，领导者可能会被恭维和奉承所操纵。我们往往喜欢那些同样喜欢我们的人。但是领导者，尤其是那些有自恋倾向的领导，却喜欢那些阿谀奉承之辈，并且有过分自负自大的倾向。

在这些案例中，对于领导者所犯的错误，员工可能起到非常关键的作用，尽管有时候他们并不是故意的。但有时候，一些有潜力的员工可能会跟领导和组织疏远。在许多方面，这种脱离可能是现代组织中令人担忧的症状之一。正如官僚体制的组织会压制领导的活力一样，它们同样会令员工脱离组织，而不是使员工积极地为组织工作。

纵贯本书，我们都主张成功的领导者应该能够激励员工，使他们积极地为组织工作。但是，我们也曾数次提到过：领导力是一种关系，是一种不依赖于层级头衔的关系。根据定义，“好员工”是那些积极为组织工作的人。他们是志愿者，而不是被强征入伍的士兵，并且他们往往也具有很多优秀领导者的特征。在一个现代的组织中，许多领导者时常也会担当员工的角色。古希腊著名哲学家亚里士多德(Aristotle)曾经指出：好的领导者必须先要学会如何服从。那么，一个好员工的标准又是什么呢？

首先，他们必须时刻准备着把自己的想法大声地说出来，即使这可能会导致某些巨大的个人风险。好的员工应该告诉领导者他们所看到的事实，而不管领导者想不想听。沃伦·本尼斯曾经援引好莱坞传奇人物山姆·戈尔德温(Sam Goldwyn)的话告诫他的员工：“我不希望周围有任何随声附和的人，我希望每个人都告诉我他们的真实想法，即使这会让他们丢掉饭碗。”[4]

什么东西可以激励员工去冒这样的个人风险呢？从根本上来讲，领导者需要使员工明白，他们的所作所为都是为了实现组织的目标。这样，尽职尽责的员工将会提醒领导者“我们为什么会在这里”。他们关注的是组织，是组织的任务。当领导者积极听取员工的意见时，组织的运行会变得非常健康。

当然，并不是所有的员工都会表达他们对于组织目标的关注。事实上，如果优秀的领导者寻求建设性的不同意见时，那些敢于表达自己想法的人将会显得与众不同。还记得彼得·布拉贝克说过“有一半认为公司的变革太慢，而另一半却认为公司的变革太快”这句话吗？成功的领导者工作的一部分就是听取这些不同的声音，找出它们共同关心的焦点，然后围绕着组织的目标采取行动。

第二，好的员工应该时刻准备着弥补领导者的不足。他们应该熟悉各种不同的环境。例如，在网络型文化中，他们应该意识到和谐人际关系的重要性。相反，在功利型文化中，他们则应该了解到遵守纪律和一致行动的重要性。在分散型文化中，他们应该理解自由、自治以及有限的相互交往的重要性。但是在那些紧密联系的共有型文化中，他们应该努力寻求密切的交往，将组织紧紧地团结在一起。

在组织内部，他们将会提供一种平衡力。这首先包括他们对于自己的优势和弱点的清醒认识。对员工来说，他们应该了解哪些是领导者能做的，哪些是领导者不能做的；了解领导者的弱点，从而有针对性地采取行动。你将会经常看到这样的团队协作：董事长和CEO共同管理一家公司；或是在有些体育俱乐部中，经理和教练共同管理某家俱乐部。跟优秀的领导者一样，好的员工也应该了解他们自己，知道他们什么做得最好，什么时候做得最好。

第三，好的员工对于变革的节奏和时间安排有着正确的评价。他们理解领导者必须要做到跟环境一致。如果没有这一点，领导者将很难找到他跟员工的联系之处。但是，一旦员工发现了领导者言行一致的事实，他们将会支持领导者的创新和变革。霍兰德（Hollander）教授把这称为"特质信用"。[5]

那些只有少量多数支持的政界领导经常会建立这样的信用，就像克林顿总统为了赢得支持在首个任期内的所作所为一样。英国首相布莱尔也是如此。当人们认可了他的能力之后，他赢得了创建新工党的机会。在上面的每一个案例中，那些表面上比较勉强的员工在参与改革的进程中总是比他们所表现出的态度更为积极。

好的员工应该能够适应领导者在社会距离上的平衡。他们不会把领导者与最好的朋友混为一谈，并且他们知道，为了完成组织的目标，他们应该什么时候与领导者保持疏远的距离。

好的员工还应该能够接受一定程度的不确定性。那些认为领导者能够知道所有问题的答案的想法是幼稚的，而且这种想法会使领导者处于无人帮助的境地。在这个变化迅速的复杂世界里，这个观点促使领导者不断地学习。由于双方都需要应对不停变化的环境，员工应该鼓励这种共同学习的过程。

在这个过程中，有的员工可能变为领导者。反过来也同样是对的：总是有很多地方，领导者也需要扮演服从者的角色。归根结底，员工的职责是拒绝盲目的服从；在适当的时候，他们应该拒绝对那些失败的领导者提供帮助。正如我们经常说的那样，领导者经常会不可避免地遭遇个人风险。有时候，事情会做错。当错误发生的时候，经常是因为领导者本身的致命缺陷所致。

当然，领导者的失败还有许多其他原因。例如，有些不可控的外部事件可能会导致领导者的失败。实际上，领导是一个危险的职务。世界上没有任何公式或是规则能够保证它的成功。但我们相信：尽管做领导者需要付出一定的代价，然而回报也是巨大的。这是我们在本书的最后一章所要讨论的问题。

你凭什么

第九章　领导的代价和利益

在这本书中，我们试图帮助大家解答这样一个难题：你凭什么领导别人？要想回答这个问题并不容易。领导力是一件非常复杂的事情，不可能由简单的一两个所谓的“秘方”“诀窍”就可以解决。一些成功的领导者在他们的自传中跟大家共享的个人经历或是他们的洞见为我们解决这个问题提供了重要的线索，但是它们也绝对不能提供所谓的“答案”。有些立志于做成功领导者的人只是单纯地模仿他们心目中的英雄，这就犯了致命的错误。问题的关键是领导力需要你去展示自我，而不是模仿别人。除了你自己之外，没有人可以给你所谓的领导力“处方”。带有一定技巧地展示自我是领导者终生都要面临的一个问题。

通过研究领导者的自传来回答这个问题，你也可能会失望。人们有时候太多地关注领导者的个体本身，而忽视了“领导力是一种关系”这个事实。而尤为关键的是，这些领导者通常都是处在组织层级的顶层。正如我们曾经指出的，把层级和领导力混淆是一个重大的错误。如果你是一个领导者,层级可以帮助你,但是它不可能解释你的领导力。

"科学"曾经尝试通过找出成功领导者共有的属性来解释领导力,但是失败了。关于领导者属性的确定清单是不可能完成的,因为在这个世界上,它根本就不存在。如果有的话,它也得随着环境的改变以及关系的变化而不断地发生改变。这也有效地解释了为什么新的领导力"处方"在年复一年地改变。最近流行的领导风格是所谓的"沉静领导",而不是流行于上世纪 90 年代那样具有英雄色彩或是超凡魅力的英雄角色,这也从侧面解释了为什么领导风格必须随着环境和时代的变化而不断改变。随着时间的变化,我们对于领导者的期望也会发生改变。

超越简单的回答

我们不主张领导力是有"处方"的。我们的中心论点是:领导力是与情境相关的一种关系,并且绝不依靠层级头衔。你可能会觉得这是一种常识,但是人们却经常无视这一点。

领导力是由环境和关系塑造而成的。领导者所需的首要技能是理解这些不同的环境:理解时间和地点,并作出相应的应对。成功的领导者能够了解他们行动的限制因素和机会;了解如何控制社会距离;了解改革的节奏和时间安排。成功的领导者不可能由一张所谓的"成功领导者的属性表"来解释。他们的成功来源于对复杂环境的恰当把握。

领导者只有做到这些才有可能成功,否则就只能面临失败。例如，最近几年来，各大公司 CEO 频繁地更迭，正是因为他们缺少情境感知能力，缺少与员工之间的联系所致。

我们还应该了解：这些问题并不是只会在组织的高层领导者身上才会发生，它们有可能发生在组织中的所有领导者身上，因为领导力是与层级无关的。在本书中，我们曾经向大家介绍过一些并不知名的领导者。不管他们是哪个层级的领导，他们都面临着相同的挑战：如何在特定的环境下巧妙地展示自我。因为，我们所服从的是人，而不是职位。成功的领导者所做的只是充分地展示他们真实的自我（他们的与众不同之处，他们的热情、价值观甚至弱点），激励他们的员工积极努力地工作。

被解职的领导

在本书中，我们曾经提到过相当多的领导——从大型商业公司的 CEO 到一些志愿组织的基层领导。你可能已经注意到很多人已经不在原来的岗位上了。我们不能放过个中的原因。我们必须对他们被解职的原因进行探讨。

或许，最引人注目的案例首推 BBC 广播公司总裁格雷格·戴克的辞职。正如他在其自传中所说的，戴克“从全英国最有影响力的媒体界领导到失业只经历了三天时间”。[1]这个领导 BBC 公司作出巨大变革（或许大于最近 50 年来任何一个前任所作出的变革）的人在公司董事会的压力下被迫辞职。事实上，戴克只面临着两种选择：辞职或是被解雇。那么，为什么戴克会陷入如此的窘境呢？

首先，我们来看一下这个故事的梗概。在2003年5月29日，一份由BBC的记者安德鲁·吉利根（Andrew Gilligan）在《今天》（*Today*，BBC公司的王牌新闻栏目）栏目中所作的报道对英国政府进行了谴责，尤其是针对为入侵伊拉克而编造的萨达姆·侯赛因（Saddam Hussein）拥有大规模杀伤性武器的虚假情报进行了猛烈的抨击。这引发了BBC广播公司与英国政府的激烈对抗。这一事件在赫顿报告（Hutton Report）出台之后达到了高潮，赫顿爵士对这个事件进行了调查，包括戴维·凯利（David Kelly）博士的自杀事件。赫顿报告完全免除了政府的责任，并且把责任全部都加在了BBC广播公司的头上。戴克最终被迫下台。

戴克的辞职引发了BBC广播公司员工强烈的反应。他们自发地涌上街头游行，除了伦敦以外，威尔士、苏格兰以及北爱尔兰的首府等许多大城市都举行了示威活动。国家广播电台的前CEO这样评论道："我在因特网上看到BBC广播公司的员工上街游行支持他们的CEO。这是西方世界历史上前所未有的事情。"[2]这在一定程度上是因为格雷格·戴克向全体员工所发的告别电子邮件，我们在这里全文摘录如下：

> 这是一封迄今为止我所写过的最难写的电子邮件。再过不久，我将向全世界宣布辞去BBC广播公司CEO的职务。在我离开之后，我会非常想念这里的每一个人的。我不想离开大家，然而，赫顿报告强烈地批评了

BBC 广播公司的管理问题，认为我这个 CEO 对于这个管理问题负有责任。

我接受对于 BBC 公司作出错误判断的批评，我也可以悲伤地得出这样的结论：只要我还在这里，这件事情就很难了断。我们需要一个了断。我们之所以需要了断是为了保护 BBC 公司的未来，并不是为了你我，而是为了公司外面的每一个人。这听起来或许有些高调，但我认为 BBC 公司是最重要的。综观整个事件，我作为 CEO 的唯一目标就是维护新闻的独立性以及为公众的利益而行动。

四年来，我们完成了很多事情。我认为，我们从根本上对公司作了很多变革，我希望这些变革在我离职之后将会继续持续下去。一直以来，BBC 公司就是一个伟大的公司，但是我希望，在过去的四年里，我的努力工作能对公司有所帮助，我希望每一个在这里工作的人都能够心存感激。如果确实是这样的话，那么我是带着满意而离开的。

感谢这么多年来大家对我的帮助和支持。这听起来可能有些伤感，但是我是真的非常想念大家。

格雷格[3]

员工的行动

有超过6 000多名员工都对戴克的电子邮件作出了回

复——多数人都对他们领导的辞职感到惋惜。在这些电子邮件中,有两点值得特别关注,它们能够很好地说明戴克在公司中的影响力。

> 你最大的成就是给 BBC 广播公司带来了新的活力。在你到来之后,原先那种令人窒息、毫无活力、缺乏激情的公司氛围完全消失了。你走之后,留给了我们宝贵的精神遗产:活力、创新,以及对 BBC 公司一如既往的热爱。[4]
>
> 你给 BBC 广播公司带来了新的活力和未来。在你走的那一天,所有的员工甚至记者都哭了。人们都聚在一起,谈论他们的伤感、恐惧和沮丧,这都是因为你给公司带来的希望、前景和骄傲,在他们刚开始感觉到不久就失去了。[5]

所有的事实,包括对员工士气的激励,都展示了戴克对这个处在困难之中的公司产生的巨大影响力。是什么导致了他这次令人不愉快的辞职呢?

让我们保持清醒。我们的观点是他的离开对公司是一个巨大的损失。他过去是并且现在也是一个有能力的领导者,并且正如我们试图在本书中所表明的,那些立志于成为领导者的人都能够从他的经历中学习到很多东西。但是,这里面也有教训:戴克无疑也犯了错误。

我们本书的一个主题是:成功的领导者完全取决于对真

实自我的展示。这个简单的基本原理就是“做自己”。在这一点上,戴克做得很好。他对自己具有非常强烈的好奇心——也就是说,他在不停地追求自我认知并且积极地向员工展示他所关注的事物。正如我们先前曾经讨论的,他也暴露出了自己的弱点,例如经常发脾气等。或许,这还不是最致命的缺陷。综观戴克的职业生涯,似乎存在某种既定的范式。当戴克感觉与他的澳大利亚老板布鲁斯·琼杰尔(Bruce Gyngell)很难共处的时候,一年之后,他便离开了 TV - AM 电视台。随后,他又失去了对他所钟爱的伦敦周末电视台(LWT)的控制。最后,他终于失去了这份全英国最重要的媒体界工作。事实是,戴克天生具有反抗的心理,他发现自己很难沿着一条路走下去。在他的自传中,他自己也承认这一点。例如,对于 BBC 广播公司对赫顿报告的反应,他说:“在 BBC 广播公司新闻 24 频道,它被解释为‘一种健康的反应’。而我个人认为,它是调和的产物。但是调和并不是我个人所擅长的,所以我并不是正确的人选。”[6]

当伦敦周末电视台被格兰纳达电视台收购之后,戴克曾被邀请留在那里,但是他拒绝了。他把伦敦周末电视台的这个新主人当做“敌人”。或许,他把朋友和敌人之间的界线划分得太明确了。

我们也曾经提出过:成功的领导力需要高水平的情境感知能力。戴克在这方面做得也不错。他能够识别出那些有才能、有创造性的员工,善于提拔他们为公司所用。另外,他也尊重那些处在组织底层的人,如餐饮提供人员、保安人员以及司机等,很多人都非常崇拜他。但是他对于控制着 BBC 广播公司的那些人的情境感知能力又是什么样子的呢?

正如我们先前曾经指出的,最初,戴克试图努力地迎合他们。但是,在他任职的关键时刻,他又不能佯装尊敬那些他根本不尊敬的人。他拒绝去玩这样的政治游戏。"对待他们这些人,我没有理由采取跟对待其他人不一样的方式。我肯定不会把他们说过的话就当成圣旨。这不是一个任性的决定,而是我本身的行为方式。"[7]

这就是他辞职的原因。他好像低估了他两个对手的实力:霍格男爵夫人(Baroness Hogg)和波林·内维尔-琼斯女爵(Dame Pauline Neville - Jones)——他称她们是"时髦的女士"。他知道她们不喜欢他,但是他却执著地认为在赫顿报告这个问题上,波林女爵会让他继续留下来。波林女爵是 BBC 广播公司的一位长期控制者,她与政府部门有着密切的联系。而她却另有打算。霍格男爵夫人也在暗中对戴克的职位虎视眈眈,正在筹划着对戴克的颠覆。所以,当戴克得知他要么辞职要么被解雇的消息之后,他非常吃惊。"我应该早就预料到这个结果,"他后来承认,"但是那时我没有。我真的非常震惊。"[8]

判断力

我们在本书中也曾数次强调过这样一点:成功的领导者会认同他们所领导的员工。在这一点上,格雷格又一次做得很好。他是真正地认同公司中那些富有创造性的人才。例如，有一次他被邀请去伦敦的国家科学馆作一个主题演讲，他首先向大家展示了来自 BBC 广播公司的《蓝色星球》(*Blue Planet*)和《与恐龙同行》(*Walking with Dinosanrs*)两个科学节目。在短暂的暂停之后，他说道："这是世界上最好的科教节目。"

戴克对于能够领导这样一个能够丰富人们生活的伟大公司感到非常骄傲。但是在这个抨击政府谎言的事件中，他是不是过于认同他的新闻团队了呢？可能。不过，这或许是一件应该仔细斟酌的事情。

最后，戴克的员工怎么样呢？我们可能永远不会知道戴克从他的顾问那里得到了什么建议。在我们跟他们的一些非正式谈话中，有几个人告诉我们：戴克变得对 BBC 的独立性是如此地关注，以致在后来他对于任何其他的建议根本听不进去，并且危及了他所取得的成就。

成功的领导者需要他的员工足够地坚定，以便能够在必要的时候对他们提出直言不讳的意见。正如我们在前面一章提出来的，领导者需要真实的员工——这些员工对于组织的目标非常关注，能够在领导者作出的判断有所偏差的时候给出正确的建议。这是他们的任务和职责之一。对于像戴克这样具有超凡魅力的领导者来说，最大的危险就是"在一棵大橡树的阴影下，什么东西都长不出来"。我们认为，戴克肯定会怀念他的朋友、BBC 广播公司的前董事长克里斯托弗·布兰德——他在赫顿报告之前已经下台。很难相信，布兰德会允许在政府和 BBC 广播公司之间存在这样的对抗。

在戴克辞职之后，BBC 广播公司面临着空前的困境。在他这个相对比较短的任期内，戴克做了很多事情。如果再多一些时间的话，这些根本的文化变革或许就能深深嵌入公司的文化中了。但是，迄今为止所显露出的迹象并不妙。种种迹象表明，BBC 广播公司正在回复到它原来的状态。正如一位 BBC 广播公司的内部人士所说的，"不再有往日的开心员工——一切都回到了从前"。

当我们撰写本书的时候，广播联盟正在计划着一项罢工的行动。戴克的被迫辞职可能会导致他所作的变革也随之结束。而这就是领导力的报酬和代价。它引领我们走向最后一个论点：领导力不应该根据它的受欢迎程度来判断，而应该根据它的有效程度来判断。

道德

自始至终，我们一直在主张：领导力本身不会有终点——它总是人们追求的一个目标。它既不是一项简单的技术，也不可能通过遵循某些所谓固定的"处方"来实现。它只是人们在追求某个目标时的真实展示。

然而，我们追求的目标是什么呢？是增加经济利润，还是促进世界繁荣？是拯救生病的儿童，还是赢得竞争？领导者必须进行目标的选择，并且这样的选择从根本上说是一个道德问题。这不是通过几句冠冕堂皇的话就可以逃避的。领导者必须激励其他人努力追求一个目标。因此，他们不可能避免目标选择的道德问题。这也是为什么马克斯·韦伯说超凡魅力的领导力是应对无穷无尽的官僚主义的最好方式。这也可以避免技术理性左右人类生活。技术理性认为:不管你遇到什么样的问题,我们都可以找出一种技术上的理性方法来解决它。

但是,就连韦伯也不得不承认领导力可能会变得很危险。没有任何事物可以保证有效的领导力一定可以实现得很好。人类的历史中确实出现了一些领导者,他们的行为对整个世界造成了极大的危害。在许多反人类的罪行中,都牵扯到了一些超凡魅力的领导者。如果没有道德的约束,领导力只是让别人遵从自己意愿的一种手段而已。

但是,我们仍旧非常乐观。我们认为,有效的领导力对于追求高尚的目标能够产生深刻的影响,而不致使我们畏首畏尾。我们不能因为领导力存在的危险就拒绝对其进行开发,这样将会使很多有天分的人不能找到正确的成功途径。恰恰是因为领导力可以非常有力地激发人类能力,因此领导者必须首先要回答这个道德的问题。

对于企业来说,有一个与企业目的相关的问题:公司真正追求的是什么?对于资本主义企业来说,长期以来这个答案都是增加股东的价值。事实上,这种观点的坚定拥护者,像著名的经济学家米尔顿·弗里德曼,就坚持认为这是唯一在道德上可以防御的阵地。而我们认为,股东价值之类的概念单独地作为领导力的基础是不充分的。相反,能够保持长期成功的企业都是会受到一些其他目标的激励的,而股东价值只是它们在追求其他目标时的副产品而已。

我们研究公司等各类组织已经好多年了，但我们却从来没有听到过像这样的电话："对不起，今天我又要晚点儿回家了，因为我在为股东创造价值。"我们听说过帮助同事，使客户满意，从事于某项研究，使自己致富等各种各样的方式，然而却从来没有听说过为股东创造价值能够成为激励员工努力工作的目标。

这或许可以帮助我们解释当今企业在公司治理方面的困扰——为了回答道德问题所作的程序上的尝试。但是，领导者不能就此偏安一隅。不管他们喜不喜欢，他们所树立的目标总是有着道德上的结果。他们或许可以从戴维·赫默的话里找到灵感："贪婪，或是对于索取的需求，是一种普遍存在的欲望。它在所有的时间、所有的地点对所有的人都适用。"[9]一个18世纪的哲学家能够阐述出如此接近现代流行理论的观点，这不能不让人感到有些惊讶。

然而，在这个困惑的时代，我们更倾向于另一个哲学大师伊曼努尔·康德（Immanuel Kant）的观点。他的道德观点给后人以极大的启示，也对我们本书的主要观点有着非常重要的意义。

首先，他认为，我们可以不依赖组织的层级结构作为道德的基础——不管我们什么时候面临某项命令，我们都有责任首先判断它的道德观点。比如安然公司的倒闭以及美军设在阿布扎比的监狱等都是对道德的挑战。它直接与我们所坚持的主张——"领导力是非层级性的，而是一种关系"——相关，强调了落在领导者和员工肩上的道德责任。

其次，康德试图找出一种规则，用它可以指导我们的道德。这一点似乎与我们现在所处的这个世界的观点非常接近："永远都把每一个人看成是他们自己的目标，而千万不要把他们看成是实现你自己目标的手段。"[10]这个富有启发意义的道德准则准确地表明了我们本书开始时所关注的焦点——把共有的道德价值观作为自由的前提条件，在这个社会融合日益变弱的年代，去寻找一种社会共有的理性。领导者和他们的员工应该共同努力，创造这样的组织：它使我们的存在拥有意义，并且能够使大家在组织中尽情地塑造和展示他们真实的自我。

对领导者来说，这可能意味着要冒一定的个人风险。他们必须愿意将自己投身于领导事业中，而不去管可能存在的被解职的风险。这就是作为一个领导者的代价和利益。

法国前总统戴高乐就曾一针见血地指出：对于那些立志于成为成功领导者的人来说，"他们必须付出的代价是持续的自我约束、不断出现的风险以及永远的奋斗"。[11]

有意义的领导力

领导力很难获得，但是值得我们去努力争取，所以我们不要怀有任何悲观的想法。我们很惊喜地发现：如今的领导者们正在致力于创建一种能够给大家带来人生意义的组织，他们激励着员工为了组织的目标奋发向上，努力提高自己的绩效和工作表现。

就在本书行将结稿的时候，我们有幸参加了我们当地的一家医院为某位专家而准备的退休告别晚会。这位医生宽厚仁慈，医术高超，在当地小有名气。好多人都来参加了这个告别晚会，以致大厅的门口排起了一条长队，但是没有一个人对此感到介意和不快。接下来是人们对这位医生的致辞和祝愿，这里面有他曾经的病人、同事以及朋友等等。从这些人的话语里，我们发现了人们对他的真实情感：

"你是不可替代的。"

"你是约翰医生，你好像从来没有下过班。"

"你真诚地对待我们每一个人，而不仅仅是把我们当成一个个代号来对待。"

"你从未失职。"

"是你帮助我们建立了这样一个伟大的医院。"

"你显示了你对慈善筹款事业、当地委员会和跑车的热情。"

"你从来没有停止过你的工作和事业——感谢上帝，你有一个支持你事业的妻子。"

"面对着如此艰苦的慈善事业，即使在你的身边有比你小20岁的年轻人，你也总是走在最前面。"

这件事情贴切地说明了：领导力可以出现在各种各样的地方。约翰医生是一个真实的人，而不是一个角色拥有者。他通过合理地运用某些技巧，使病人感受到自己的与众不同之处。他向大家揭示了自己对哪些东西充满热情，包括对跑车。他深知：领导并不是一份兼职性质的工作。从他身上，我们看到了我们在本书中一直都在主张的领导力：他展示了真实的自我，表达了自己的与众不同之处，并且带有一定的技巧，结合了自己身处的环境。他的同事以及病人都很乐意由他来领导，甚至会以此为骄傲。

现在，请大家再问问自己本书开篇所提出的那个问题：你凭什么领导别人？

你凭什么

附录A 评估你的领导潜力

在本书中，我们向大家展示了许多领导力方面的知识。当然，学习是为了应用，本书的目的也不例外，我们希望那些立志于成为领导者的人能够很好地应用这些知识。本书涵盖的内容适用于商业、军队、教会、慈善机构、体育团队以及政府等等。这些组织面临着同样的基本问题。

在下面的这部分内容中，我们并不是要告诉大家一个领导力的处方。如果世界上有这样一个处方的话，早就有人发现它了。我们也不是要告诉大家领导力是一件很简单的事情。事实上它也的确不是。我们经常会了解到做一名成功的领导者是一件非常困难的事情。

然而，我们发现：经常平静地思考下面这些问题可以帮助人们把注意力集中到他们的领导力潜力上，把注意力集中在领导力潜力的开发上。

但是，不要期待问题的答案会非常简单。最早，我们是对一组娴熟的管理人员第一次使用这个问题表单的。在这之前，我们已经跟他们探讨过领导力方面的知识了。我们把问题表单发给了大家。大概过了半个小时之后，我们竟然发现其中的一个人躺在沙发上，好像要睡着了。这些问题似乎对他根本不适用！当我们从他身边走过时，他睁开了眼睛，我们有点担心地问他："做得怎么样？"他回答说："这是我所遇到过的最难回答的问题。"那么，你也来亲自尝试回答一下这些问题吧。

1. **你的哪点与众不同之处可以成为你的领导力的基础？**在你思考这个问题的过程中，把注意力放在那些可以激励别人的潜力上，并且它应该是你真正的与众不同之处（而不是模仿别人的）。同时，你也要考虑自己的价值观和愿景是不是与那些你所领导的人相适应。（见第二章）
2. **你准备向那些你所领导的人揭示哪些弱点？**一定要记住：不要试图假装自己是完美的！但是另一方面，你的领导力也不太可能通过展示你所有的弱点而得到提升。也不要展示那些会给你的表现带来致命危害的弱点。有效的领导力能够通过展示自己的某些小的缺点得以实现，因为这会使自己更加人性化和更加具有吸引力。（见第三章）
3. **你能够认清不同的环境吗？**这是一种感性上的能力。仔细考虑一下你对其他人的细微行为变化是不是能够觉察得到。对待老板、同事或是下属，你是不是能同样得心应手？对待客户或是竞争对手呢？对待那

些你喜欢的或是你不喜欢的人呢？你如何适应不同的文化？你是更擅长一对一的交流呢，还是更擅长呆在一个团队中？（见第四章）

4. **你做到足够地适应了吗？**记住，如果不懂得退让的话，你将不可能生存下去；而如果找不到共同点的话，你将不可能与他人打成一片。考虑一下自己如何才能获得大家的认同——当然，不能失去你真实的自我。（见第五章）

5. **你是如何驾驭社会距离的？**你是不是能够跟那些你所领导的人建立亲密的关系？你是否知道那些对你的表现产生最大影响的人的目标、价值观以及动机呢？你还需要了解点什么？你是不是能够合理地调整与他人的社会距离？你与别人的缺省社会距离是亲密还是疏远？（见第六章）

6. **你是不是对组织的节奏和时间安排有良好的感觉？**你知道什么时候该加速，什么时候该多花一些时间吗？你是不是能够把别人的努力合理地协调组织起来？（见第七章）

7. **你与别人交流、沟通的能力如何？**你可以用多种方式来思考这个问题。例如，你如何展现自己的优点、缺点和价值观？你是更擅长在正式场合还是非正式场合下与人交流？你能通过幽默、举例子或讲故事的方式来使你与别人的交流更具个性化吗？你善于倾听吗？你能适应不同员工的不同需要吗？（见第七章和第八章）

你凭什么

附录B　真实性和技巧的平衡

本书一个不变的主题是：成功的领导力与真实性和技巧密切相关。但是我们却发现有很多立志于成为领导者的人并不在意二者之间的联系。下面，请读者们结合图B-1这个简单矩阵，看一下你现在所处的位置，想想你希望达到哪个位置，并考虑一下你需要在哪方面继续努力才能达到那个位置。

在方形区域B内，技巧和真实性结合产生领导力。

在方形区域A内，人们对自我的了解程度很高，像优势和弱点、价值观、立场等等，但是他们却缺少某种巧妙的技巧来配置他们自身的这些属性。因此他们可能会在对环境的把握、与他人的沟通，以及对他人潜能的发掘等诸方面都做得不够好。

图 B－1　真实性和技巧的平衡

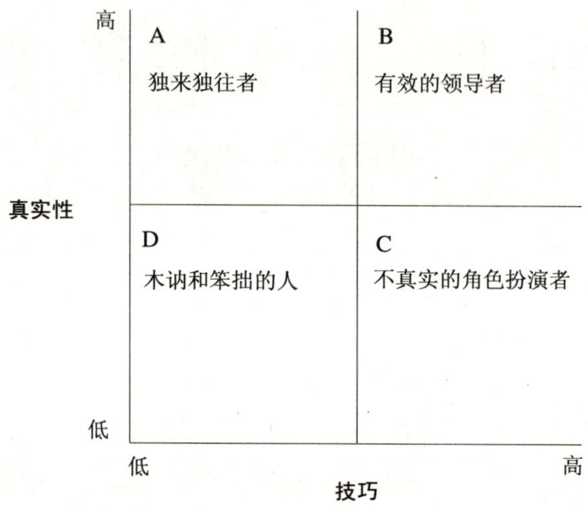

在方形区域 C 内，人们大都具有较高的人际交往技巧，但是由于他们缺少真实性，这往往会使员工产生被操纵和利用的感觉。他们从不会充分展示自己的本性，因此他们的领导力并不成功。

在方形区域 D 内，低水平的自我认知和低水平的技巧产生了一个戴维·布伦特（David Brent）这样的角色——在电视系列剧《办公室》（*The Office*）中对他有深刻的讽刺和挖苦。不幸的是，这种人在某些组织中大量存在。

由于提高技巧比提高真实性要容易很多，因此许多商学院的课程都对前者给予了更多的关注。而后者则需要花费更多的时间，需要更深层次的开发。

致　谢

在我们探究领导力本质的过程中，有很多人给予了我们大量的帮助。在过去的五年里，我们对若干公司中上百位处于各级别的领导者进行了深度的采访。在本书的大部分内容中，我们都给出了采访对象的真实身份；而在有些场合，我们对采访对象的姓名和其他个人信息进行了变更，以保护他们的隐私。在此，我们对所有花费了大量时间与我们共同分享他们的见解和经验的人致以最诚挚的谢意。

我们要特别感谢诺曼·阿达米（Norman Adami）、唐·奥斯特维克、约翰·鲍默、贝尔米洛·德·阿泽维多（Belmiro de Azevedo）、彼得·布拉贝克、比尔·伯恩斯、帕蒂·卡扎图、保罗·丹尼（Paul Dennehy）、里克·多比斯、格雷格·戴克、尼尔·菲茨杰拉德、戴维·加德纳、皮特·戈斯、西蒙·格利福德、弗朗兹·赫默、玛格丽特·詹姆斯、约翰·莱瑟姆、帕特·劳利斯、阿兰·利维、奈杰尔·莫里斯、伊恩·鲍威尔、戴维·普罗瑟、托马斯·萨特尔伯格、马丁·索雷尔、琼·汤姆林以及卡雷尔·洼斯汀。

我们也从他们的同事那里了解到很多我们需要的东西，在此一并表示感谢。另外，下面这些公司或是组织也给予了我们很多的帮助，对此我们表示衷心的感谢。这些公司或组织包括：Adecco、巴克利银行、喜力、BBC、Capital One、Chime、艺电、Gap、Legal & General人寿、玛莎百货、雀巢、宝丽金、罗氏、Sonae、索尼、联合利华以及百帝。

我们的学生（工作在伦敦商学院、欧洲工商管理学院、亨利管理学院以及其他地方）为我提供了许多准备资料，并给我们提供了不少宝贵的建议。我们要特别感谢我们的同事埃斯特尔·鲍曼（Estelle Bowman）、杰伊·康格（Jay Conger）、已故的苏曼特拉·戈沙尔（Sumantra Ghoshal）和约翰·亨特（John Hunt）等人，在我们的写作过程中，他们给出了许多宝贵的建议、帮助以及鼓励。我们的代理人海伦·里斯（Helen Rees）帮助我们联系出版事宜，在此我们对她表示感谢。

在本书的写作过程中，卡洛琳·马登（Caroline Madden）女士对我们的原稿呵护备至，正是在她的帮助下，我们才得以完成此书。对此我们表示衷心的感谢。

哈佛商学院出版社的杰夫·基欧（Jeff Kehoe）的耐心和坚韧给予了我们极大的帮助，我们对此非常感激。

《哈佛商业评论》的编辑苏珊·韦特拉弗尔（Suzy Wetlaufer）和汤姆·斯图尔特（Tom Stewart）对我们的观点给予了鼓励。他们的编辑同事，特别是戴安·科图（Diane Coutu），给了我们以很大的帮助。在此，我们对他们的一贯支持表示感谢。我们对于星拓媒体（Suntop Media）的斯图亚特·克莱纳（Stuart Crainer）所给予的帮助一并表示感谢。

最后，感谢我们的家人维基（Vickie）、雪莉（Shirley）、汉娜（Hannah）、汤姆（Tom）、雷恩（Rhian）、吉马（Gemma）以及

罗比(Robbie),在我们写作的过程中,正是他们给予了我们写作的动力和支持。

罗布·戈菲和加雷思·琼斯

2005 年 6 月于伦敦

领导别人

你凭什么

注　释

导　言

1. 除了特别说明之外，本书所有的引用语都来自于我们的研究采访。

2. Robert D. Putnam, *Bowling Alone: The Collapse and Revival of American Community* (New York: Simon & Schuster).

3. Max Weber, *Economy and Society* (Cambridge, MA: Harvard University Press, 1954).

4. Alexis de Tocqueville, *Democracy in America* (Chicago: University of Chicago Press, 2000).

5. David Reisman, *The Lonely Crowd: A Study of the Changing American Character* (New Haven, CT: Yale University Press, 1961).

6. Putnam, *Bowling Alone*.

7. Richard Sennett, *The Corrosion of Character* (New York: W. W. Norton, 1998).

8. Michael B. Arthur and Denise M. Rousseau, eds., *The Boundaryless Career: A New Employment Principle for a New Organization Era* (New York: Oxford University Press, 1996).

9. Richard Scase and Robert Goffee, *Reluctant Managers:*

注释

Their Work and Lifestyles (London: Unwin Hyman, 1989).

10. Max Weber, "Science as a Vocation," in *Max Weber: Essays in Sociology* (New York: Oxford University Press, 1975).

第一章

1. 与领导力相近的大量文献(例如对动机、团队、个人和组织的变革等问题的研究)丰富而有趣。但是,对领导力这个领域的狭隘定义令人感到失望。大量关于组织行为的标准教科书都有专门的章节对领导力进行阐述。它们通常认为有效的领导力依赖环境。我们承认领导力与情境相关是一个基本的命题,但是我们对于领导力方面的研究止步于此感到非常失望,因为这对那些有志于培养他们自身领导才能的人提供不了太多的帮助。最近的相关教材回顾,可参见 L. J. Mullins, *Management and Organizational Behavior*, 7th ed. (London: Financial Times Prentice Hall, 2004)及 Jay Conger and Rabindra N. Kanungo, *Charismatic Leadership in Organizations* (London: Sage, 1998)。

2. 本章的引用材料取自下面的采访:比尔·伯恩斯,由罗布·戈菲采访,巴塞罗那,2002 年 12 月;弗朗兹·赫默,由罗布·戈菲采访,巴塞尔,2000 年 2 月。

3. 我们是在"Why Should Anyone Be Led by You?" (*Harvard Business Review*, September-October 2000)一文上第一次提出这个观点。

4. 参见 Manfred Kets de Vries, *The Leadership Mystique* (London: Financial Times Prentice Hall, 2002);以及 Michael Maccoby, "Narcissistic Leaders," *Harvard Business Review*, January-February 2000。

5. Mary Parker Follett, *Dynamic Administration* (New York: Harper, 1941); Fred Fiedler, *A Theory of Leadership Effectiveness* (New York: McGraw-Hill, 1967); Paul Hersey, *The Situational Leader* (Escondido, CA: Center for Leadership Studies, 1984); and Victor H. Vroom, "Situational Factors in Leadership," in *Organization 21C*, ed. Subir Chowdhury (London: Financial Times Prentice Hall, 2003).

6. 社会真实性的构建方式是社会学领域中的一个主要部分,但是它却很少被应用到领导力的研究中来。更详细的论述见 Peter L. Berger and Thomas Luckmann, *The Social Construction of Reality* (New York: Anchor Books, 1966)。

7. 关于个人认同的相关研究见 John W. Hunt, *Managing People at Work* (London: McGraw-Hill, 1992)。

8. 有关心理分析方面的研究可参见如下文献:Carl R. Rogers, *On Becoming a Person* (Gloucester, MA: Peter Smith Publisher, 1996); Robert Ornstein, *The Roots of the Self* (New York: HarperCollins, 1973); 以及 Kenneth Gergen, *The Saturated Self* (New York: Basic Books, 1992)。

9. *The Concise Oxford Dictionary* (Oxford: Oxford University Press, 1995).

10. Robert Dick and Tim Dalmau, *Values in Action: Applying the Ideas of Argyris and Schon* (Chapel Hill, Queensland, Australia: Interchange, 1990).

11. Jeffrey Pfeffer and Robert Sutton, *The Knowing-Doing Gap* (Boston: Harvard Business School Press, 1999).

12. Warren Bennis, *On Becoming a Leader* (Reading, MA:

Addision-Wesley, 1989).

13. Seymour Martin Lipset and Reinhard Bendix, *Social Mobility in Industrial Society* (Somerset, NJ: Transaction Publishers, 1992); John H. Goldthorpe, *Social Mobility and Class Structure in Modern Britain* (Oxford: Clarendon Press, 1980); Rosabeth Moss Kanter, *Men and Women of the Corporation* (New York: Basic Books, 1977).

14. Goffee and Jones, "Why Should Anyone Be Led By You?"

15. P. Christopher Earley and Elaine Mosakowsiki, "Cultural Intelligence," *Harvard Business Review*, October 2004.

16. Steven Lukes, ed., Durkheim: *The Rules of Sociological Method and Selected Texts on Sociology and Its Method* (London: Macmillan, 1982); and Emile Durkheim, *Suicide: A Study in Sociology* (Glencoe, IL: Free Press, 1951).

17. Georg Simmel, "Social Distance," in *The Sociology of Georg Simmel*, ed. Kurt H. Wolff (New York: Free Press, 1950); David Frisby, *Georg Simmel* (London: Tavistock, 1984).

18. 这一论点在 John Adair 的 *Inspiring Leadership* (London: Thorogood, 2002)一书中体现得非常明显。

19. Heike Bruch and Sumantra Ghoshal, "Management Is the Art of Doing and Getting Done," *Business Strategy Review*, Autumn 2004.

第二章

1. 除了特别的说明之外,本章的引用材料均取自下面的采访:彼得·布拉贝克,由罗布·戈菲采访,瑞士沃韦(Vevey),2003 年 3 月;比尔·伯恩斯，由罗布·戈菲采访，巴塞罗那，2002 年 12 月；里克·多比斯，由加雷思·琼斯采访，纽约和伦敦，2003 年 5 月；格雷格·戴克，由加雷思·琼斯和罗布·戈菲采访，伦敦，2002 年 11 月；戴维·加德纳，由罗布·戈菲采访，伦敦，2003 年 2 月；约翰·莱瑟姆，由罗布·戈菲采访，伦敦，2003 年 2 月；卡伦·马什，由罗布·戈菲采访，伦敦商学院，2003 年 5 月；萨特尔伯格，由罗布·戈菲采访，法兰克福，2002 年 9 月；马丁·索雷尔，由罗布·戈菲采访，伦敦，2002 年 10 月；琼·汤姆琳，由罗布·戈菲采访，伦敦商学院，2003 年 2 月。

2. 我们曾经在早期的一本书中讨论过这样的主题，参见 Richard Scase and Rob Goffee，*Reluctant Managers：Their Work and Lifestyles*（London：Unwin Hyman，1989）。

3. 关于工作场所的变化和身份的问题在 Richard Sennett 的 *The Corrosion of Character*（New York：W. W. Norton，1998）一书中有详细的讨论。

4. 参见 Carl R. Rogers，*On Becoming a Person*（Gloucester，MA：Peter Smith Publisher，1996）；Robert Ornstein，*The Roots of the Self*（New York：HarperCollins，1973）；以及 Kenneth Gergen，*The Saturated Self*（New York：Basic Books，1992）。有趣的是，关于这些问题的社会学观点由 George Herbert Mead 在 *Mind Self and Society*（Chicago：University of Chicago，1934）一书中展开详细的论述。然而，这些早期的论述并没有往领导力方面深入。这种自我陶醉欲与领导力之间的联系请参见 Michael Maccoby 和 Manfred Kets de Vries 合著的著作。

5. Akio Morita，*Never Mind School Records*（Tokyo，Japan：Asahi Shimbun Publishing Company，1987）.

6. 关于领导者如何利用他们的情感释放员工活力的话题参见

Daniel Goleman, *Emotional Intelligence* (New York: Bantam, 1995)。

7. Jim Collins, *Good to Great* (New York: HarperBusiness, 2001).

8. 关于身份、角色、角色距离这样的概念，参见 Erving Goffman 的 *The Presentation of Self in Everyday Life* (Gloucester, MA: Peter Smith Publisher, 1999)一书。

9. 跟格雷格·戴克一样，在我们采访之后，琼·汤姆琳的事业发生了一定的变化。正如我们在本书第九章将要讨论的，领导力的运用不可避免地伴随着某些个人风险，包括被解雇而失去工作。

10. 参见 Manfred Kets de Vries (参见 Diane Coutu, "Putting Leaders on the Couch," *Harvard Business Review*, January 2004), *The Leadership Mystique* (London: Financial Times Prentice Hall, 2002); Michael Maccoby, "Narcissistic Leaders," *Harvard Business Review*, January-February 2000。

11. Jay Conger and Rabindra N. Kanungo, *Charismatic Leadership in Organizations* (London: Sage, 1998).

12. 爱德文·兰德和史蒂夫·乔布斯的故事在 Conger 和 Kanungo 合著的 *Charismatic Leadership* 一书中有过详细的讨论；简·卡尔森和佩尔·盖林汉姆的故事请参见 Maccoby 的 *Narcissistic Leaders* 一书。

13.《哈佛商业评论》的收稿情况证实了当今"沉静领导"的流行程度。参见 Joseph L. Badaracco, Jr., "We Don't Need Another Hero," *Harvard Business Review*, September 2001; James Collins, "Level 5 Leadership: The Triumph of Humility and Fierce Resolve," *Harvard Business Review*, September 2001; Debra Meyerson, "Radical Change, the Quiet Way," *Harvard Business Review*, Octobor 2001。

14. David Kolb, *Experiential Learning* (London: Financial Times Prentice Hall, 1983).

15. 关于文化变异和身份的进一步讨论参见 Nancy J. Adler, *International Dimensions of Organizational Behavior*, 3rd ed. (Cincinnati, OH: Southwestern College Publishing 1997); P. Christopher Earley and Randall S. Peterson, "Elusive Cultural Chameleon: Cultural Intelligence as a New Approach to Intercultural Training for the Global Manager," *Academy of Management Learning and Education*, 2003。

16. C. Wright Mills, *The Sociological Imagination* (Oxford: Oxford University Press, 1990).

17. David Reisman, *The Lonely Crowd* (New Heaven, CT: Yale University Press, 1990).

18. Ray Oldenburg, *The Great Good Place* (New York: Paragon House, 1991).

第三章

1. 除了特别的说明之外,本章的引用材料均取自下面的采访:彼得·布拉贝克,由罗布·戈菲采访,沃韦,2003 年 4 月;比尔·伯恩斯,由罗布·戈菲采访,巴塞罗那,2002 年 12 月;格雷格·戴克,由加雷思·琼斯和罗布·戈菲共同采访,伦敦,2002 年 11 月;皮特·戈斯,由罗布·戈菲采访,伦敦商学院,2002 年 9 月;保利娜·曼库索,由罗布·戈菲和加雷思·琼斯共同采访,纽约,2000 年 2 月。

2. 从这种意义上说,领导力似乎总是一种工具:它是一种为达成某种目的而为人所精心设计的关系。这种定义使得它从其他类型的关系中分离出来，而这种区别在当今的一些讨论中往往会被忽视掉。

3. Alistair Mant，*Leaders We Deserve*（Oxford：Blackwell，1983）.

4. 这件事在他的自传中有详细阐述，参见 Grey Dyke，*Inside Story*（London：Harper-Collins，2004）。

5. Charles Taylor，*Sources of The Self*（Boston：Harvard University Press，1989）.

6. 参见 John W. Hunt，*Managing People at Work*（London：McGraw-Hill，1992）；和 John Hunt，"The Leader as Exemplar，" *Business Strategy Review*，1997。也可参见 John Viney 在 *Drive*（London：Bloomsbury，1999）一书中对领导力、内向以及距离的讨论。

7. 参见 Maury Peiperl et al.，*Career Frontiers*（Oxford：Wildwood House，1975）。

8. 这并不是新近才出现的现象，在 20 世纪 80 年代的许多文献里对此均有详细的阐述。参见 Richard Scase and Robert Goffee，*Reluctant Managers：Their Work and Lifestyles*（London：Unwin Hyman）。

9. Studs Terkel，*Working*（London：Wildwood House，1975）.

10. 一种文化在多大程度上能接受在不丢面子的情况下揭示自身的弱点是一个约束条件。例如，在亚洲文化中，面子是非常重要的一个要素。但我们的观点认为，揭示自我的弱点并不能对展示自我的人性造成阻碍。

11. Simon Barnes，"Football Mourns Old Big 'Ead，" *Times*（London），September 21，2004.

12. Michael Parkinson, "Brain Clough," *Sunday Telegraph* (London), September 26, 2004.

13. Michael Parkinson, "He Was Loveable and Impossible, Wise and Silly. A Pickle of a Man," *Daily Telegraph* (London), September 21, 2004.

14. http://www.nottinghamforest.premiumtv.co.uk/

第四章

1. 除了特别的说明之外,本章的引用材料均取自下面的采访:约翰·鲍莫,由罗布·戈菲采访,伦敦,2002 年 10 月;比尔·伯恩斯,由罗布·戈菲采访,巴塞罗那,2002 年 12 月;帕蒂·卡扎图,由罗布·戈菲采访,旧金山,2002 年 11 月;格雷格·戴克,由加雷思·琼斯和罗布·戈菲共同采访,伦敦,2002 年 11 月;约翰·莱瑟姆,由罗布·戈菲采访,伦敦,2003 年 2 月。

2. 参见 Daniel Goleman, *Emotional Intelligence* (New York: Bantam, 1995)。

3. Daniel Goleman and Richard Boyatzis, *Primal Leadership* (Boston: Harvard Business School Press, 2002).

4. 这个概念在 19 世纪出现之后,立刻成为经典社会学理论的中心概念。对这个概念最详细的阐述敬请参见 Emile Durkheim 的著作 *The Division of Labor in Society* (New York: Free Press, 1984),还可参见 Steven Lukes 的著作 *Durkheim: The Rules of Sociological Method and Selected Texts on Sociology and Its Method* (London: Macmillan, 1982)。到了 20 世纪,Talcott Parsons 极力树立目的、手段以及行动的条件等概念的中心地位。他们这些人都坚决反对唯意志论的学说。

5. George Homans, *The Human Group* (London: Routledge and Keegan Paul, 1951).

6. Peter L. Berger and Thomas Luckmann, *The Social Construction of Reality* (New York: Anchor Books, 1966).

7. 尽管许多领导者看起来像是在很自然地收集信息,但是我们的经验是:他们是通过系统的工作构建了一份丰富的员工信息。我们的网络分析方法就是出于为这个过程提供一定的帮助而设计的。

8. 在许多标准的组织行为学教科书中均有详细的叙述,详见 L. J. Mullins, *Management and Organizational Behavior*, 7th ed. (London: Financial Times Prentice Hall, 2004)。

9. Jon Katzenbach and Douglas K. Smith, *The Wisdom of Teams* (Boston: Harvard Business School Press, 1992).

10. Randall Peterson and T. L. Simons, "Task Conflict and Relationship Conflict in Top Management Teams," *Journal of Applied Psychology*, 2000.

11. John W. Hunt, *Managing People at Work* (London: McGraw-Hill, 1992).

12. Deborah L. Duarte and Nancy Tennant Snyder, *Mastering Virtual Teams*, 2nd ed. (San Francisco: Jossey Bass, 2001).

13. Tony Cockerill, "Ryder Cup Lessons in Team Play," *Business Strategy Review*, Winter 2004.

第五章

1. 除了特别的说明之外,本章的引用材料均取自下面的采访:琼·汤姆琳,由罗布·戈菲采访,2003 年 2 月;唐·奥斯特维克,由罗布·戈菲采访,伦敦,2004 年 3 月。

2. *Daily Telegraph*（London），2004年11月17日。

3. 围绕这个话题的一个有趣的讨论参见"Clash of the Titans：When Top Executives Don't Get Along With the Team，" Knowledge@Wharton。

4. Warren Bennis，"The Seven Ages of the Leader，" *Harvard Business Review*，January 2004.

5. 这两个概念在Emile Durkheim、Karl Marx、Max Weber以及Georg Simmel的著作中有详细的论述。

6. 参见Victor Vroom，*Work and Motivation*（New York：Wiley，1954）；R. D. Pritchard，"Organizational Productivity，" *Handbook of Industrial and Organizational Psychology*，2nd，eds. Marvin D. Dunnette and Leaetta M. Hough（Palo Alto，CA：Consulting Psychologists Press，1992）。

7. George Homans，*The Human Group*（London：Routledge and Keegan Paul，1951）.

8. 有关这一点，在Gary Hamel和C. K. Prahalad的*Computing for the Future*（Boston：Harvard University Press，1994）一书中曾提及过。

9. 这个模型在Rob Goffee和Gareth Jones的著作*The Character of a Corporation*（London：Profile Books，2003）中有详细的论述。

10. 这些以及其他的历史案例在John Adair的*Inspiring Leadership*一书中有详细的论述。

11. Pierre Bourdieu，*Distinction：A Social Critique of the Judgement of Taste*（Boston：Harvard University Press，1984）.

12. Warren Bennis，"The Seven Ages of the Leader，" *Harvard*

Business Review, January 2004.

第六章

1. 除了特别的说明之外，本章的引用材料均取自下面的采访：比尔·伯恩斯，由罗布·戈菲采访，巴塞罗那，2002 年 12 月；里克·多比斯，由加雷思·琼斯采访，纽约和伦敦，2003 年 5 月；纳杰尔·莫里斯，由罗布·戈菲采访，2003 年 4 月。

2. Georg Simmel, "Social Distance," *The Sociology of Georg Simmel*, ed. Kurt H. Wolff (New York: Free Press, 1950); David Frisby, Georg Simmel (London: Tavistock, 1984).

3. Richard Sennett, *The Corrosion of Character* (New York: W. W. Norton, 1998).

4. 根据我们所持的领导力并非来源于层级的观点，利用自己的地位作为个人的与众不同之处是个致命的错误。

5. Georg Homans, *The Human Group* (London: Routledge and Keegan Paul, 1951).

6. John Adair, *Inspiring Leadership* (London: Thorogood).

7. 同上。

8. John W. Hunt, *Managing People at Work* (London: McGraw-Hill, 1992).

9. 认知不一致理论可以准确地解释这个现象。当两个及两个以上的行为、态度、感觉或选择行为被不一致地感知时，认知不一致的现象就会发生。当这个现象发生在领导者身上时，他们的全面真实性就会受到怀疑。

10. Daniel Goleman, *Emotional Intelligence* (New York: Bantam, 1995).

11. 在英国,健康和安全部门把压力定义为"人们对过多的困扰和其他需求的逆反应"。在英国,大约有 50 多万人认为那些与工作相关的压力正导致他们的身体出现病痛。而超过 500 万的英国人认为他们的工作具有"非常"的压力。而在美国,大约 1/3 的劳动力感觉他们所从事的工作令他们身心俱疲。

12. 在英国,主要是指天气和交通之类的话题;在美国,主要是指体育方面的话题;而在荷兰,出于某种原因,主要是指与咖啡相关的话题。

13. Adair, *Inspiring Leadership*.

第七章

1. 除了特别的说明之外,本章的引用材料均取自下面的采访:彼得·布拉贝克,由罗布·戈菲采访,2003 年 4 月;皮特·戈斯,由罗布·戈菲采访,伦敦商学院,2002 年 9 月;弗朗兹·赫默,由罗布·戈菲采访,巴塞尔,2002 年 10 月。

2. Nancy Rothbard and Jay Conger, "Orit Gadiesh: Pride at Bain & Co. (A)," Case 9-494-031 (Boston: Harvard Business School, 1993).

3. Jay Conger, *Winning Them Over* (New York: Simon & Schuster, 1998).

4. Stephen Denning, "Telling Tales," *Harvard Business Review*, May 2004.

5. Sydney Finkelstein, "Seven Habits of Highly Ineffective Leaders," *Business Strategy Review*, Winter 2003.

6. 同上。

7. 同上。

8. Leslie A. Perlow and Stephanie Williams, "Is Silence Killing Your Company?" *Harvard Business Review*, May 2003.

9. Suzy Wetlaufer and Peter Brabeck, "The Business Case Against Revolution," *Harvard Business Review*, February 2001.

10. "Nestle's Long-Term View," *Economist*, August 29, 2002.

11. John Hunt, *Managing People at Work* (London: McGraw-Hill, 1992).

12. Malcolm Gladwell, "The Perfect Chief Executive," *Times* (London), August 20, 2002.

13. Michael Hay and Peter Williamson, *The Handbook of Strategy* (Oxford: Blackwell, 1991).

14. Karl E. Weick and Diane L, Coutu, "Sense and Reliability: A Conversation with Celebrated Psychologist Karl E. Weick," *Harvard Business Review*, April 2003.

第八章

1. Loren Gary, "Neoteny: How Leaders Recruit the Right Kind of Followers," *Harvard Management Update*, September 2002; Robert E. Kelly, *The Power of Followership* (New York: Doubleday Currency, 1992).

2. Heike Bruch and Sumantra Ghoshal, "Managing Is the Art of Doing Getting Done," *Business Strategy Review*, Autumn 2004.

3. Lynn Offerman, "When Followers Become Toxic," *Harvard Business Review*, January 2004.

4. Warren Bennis, *An Invented Life: Reflections on Leadership and Change* (Boulder, CO: Perseus Books, 1994).

5. E. P. Hollander, "Conformity, Status and Idiosyncrasy Credit," *Psychological Review* 65 (1958); *Leaders, Groups, and Influence* (Oxford: Oxford University Press, 1964).

第九章

1. Greg Dyke, *Inside Story* (London: HarperCollins, 2004).
2. 同上,33 页。
3. 同上,20-21 页。
4. 同上,25 页。
5. 同上,25 页。
6. 同上。
7. 同上。
8. 同上。
9. David Hume, *Essays, Moral, Political, and Literary* (Indianapolis, IN: Liberty Classics, 1987).
10. 引自 Karl Popper, *In Search of a Better World* (London: Routledge, 1992)。
11. John Adair, *Inspiring Leadership* (London: Thorogood, 2002).

领导别人

你凭什么

作 者 介 绍

罗布·戈菲是伦敦商学院教授，主攻组织行为学。他是一名组织变革方面的专家，在学术界具有很高的声望。迄今为止，他已经出版了十本专著，发表过五十多篇文章。他经常在报纸和杂志上发表论文，并经常被邀请去电台或电视台的经济类节目做嘉宾。另外，他还亲自对许多大型企业进行了采访，在组织改革、企业文化、董事会治理以及管理开发等方面都有深入的研究。

加雷思·琼斯是欧洲工商管理学院客座教授、伦敦商学院管理开发研究中心的研究员。他曾经是宝洁公司全球人力资源部的高级副总裁；之后，他在 BBC 广播公司的人力资源和内部交流部门担任主管。他的文章经常出现在《欧洲管理论丛》(*European Management Journal*)、《人际关系》(*Human Relations*)、《哈佛商业评论》等著名国际期刊上。他的研究重点主要集中在企业文化、领导力以及组织变革等领域。

罗布·戈菲和加雷思·琼斯曾经共同合著过“企业的特征

(The Character of a Corporation)"一文，并合著过"为什么应该由你来领导别人(Why Should Anyone Be Led by You)"一文(该文曾获麦肯锡奖，发表于《哈佛商业评论》)。他们还是创造性管理协会的创办者，该协会与全球许多顶尖的公司在企业文化、机构设计以及领导力开发等方面都有过交流与合作。

读者如果有兴趣的话，可以去浏览他们的网站：www.creative-management-associates.com 和 www.whyshouldanyonebeledbyyou.com。